Trainingsplanung Leichtathletik

-

Disziplinübergreifend und speziell für den Trainernachwuchs

Autor:
Wilfried F. W. Oppermann

An dieser Stelle ein ganz besonderer Dank an Justyna,
die sich mit viel Einsatz um die Gestaltung des Einbands gekümmert
und den Kontakt zum Verlag gehalten hat.
Mögen all ihre Wünsche in Erfüllung gehen.

Impressum:

ISBN: 978-3-7557-5224-0
Herausgeber: Wilfried F. W. Oppermann
Autor: Wilfried F. W. Oppermann
Umschlaggestaltung: Justyna K. Kwiatkowska
Herstellung und Verlag: BoD - Books on Demand, Norderstedt

Inhalt

Vorwort

Sportliche Leistungssteigerungen haben ihre Ursache im Wirkungsgrad des Trainings. Ein Training, das die sportliche Leistung systematisch steigern soll, muss geplant sein.

Es gibt zahlreiche exzellente, wissenschaftlich fundierte und schon fast enzyklopädische Publikationen zum Thema der Trainingsplanung und Trainingssteuerung. Auch der DLV hat Rahmentrainingspläne (RTPs) für alle Disziplinen (Disziplingruppen) herausgegeben, in denen nachzulesen ist, wann welche Inhalte trainiert werden sollten.

Wen möchte dieses Buch, das nicht nach wissenschaftlichen Grundsätzen geschrieben wurde, keine neuen Erkenntnisse bietet, keinen enzyklopädischen Umfang hat und dieses umfassende Thema dann auch noch auf 76 Seiten herunterbricht, überhaupt ansprechen?

Ich wende mich hier ganz speziell an den Trainernachwuchs, an Trainer, die bisher noch nicht in die Situation gekommen sind, Trainingspläne erstellen zu müssen oder sich nicht sicher sind, wie man an das Problem der Trainingsplanung herangeht. Ich möchte mit diesem Buch die Vielzahl der Informationen aus Fachliteratur und Lehrgängen, die ich einmal als Informationssuppe bezeichnen möchte, entwirren und dem Leser auf einfache Art aufzeigen, wie diese Einzelinformationen so geordnet werden können, dass ein sinnvoller Plan entsteht.

Das Buch wendet sich an Leser, die so in etwa den Wissensstand eines C-Trainers besitzen. Ein C-Trainer wird für das Schülertraining ausgebildet. Im Schülertraining wird noch nicht periodisiert und kaum nach individuellen Plänen trainiert. In den Schülerjahrgängen findet auch kein intensives Kraft-, Schnelligkeits- oder Ausdauertraining statt. Das erfolgt prinzipiell erst ab den Jugendjahrgängen. Deshalb wird bei C-Trainer-Lehrgängen auch nicht besonders auf die Trainingsplanung eingegangen.

Ein leistungsorientiertes Training findet erst nach dem Grundlagentraining in den Jugendklassen statt, sofern wir über den Leistungssport sprechen. Im Allgemeinen dann nach Trainingsplänen, die individuell vom Trainer erstellt werden. Das spezielle Wissen dazu erwirbt man meist auf B-Trainer-Lehrgängen, die sich auf das Training im Jugendalter konzentrieren.

Nun ist es so, dass es in den wenigen zur Verfügung stehenden Unterrichtseinheiten für einen B-Trainer-Lehrgang kaum möglich ist, alle Wissenslücken zwischen dem Niveau eines C-Trainers und dem des B-Trainers zu schließen - hier speziell in der Trainingsplanung. Und genau da setzt dieses Buch an. Es soll die Lücke zwischen dem C-Trainer und dem angehenden B-Trainer schließen, zumindest was das Thema Trainingsplanung betrifft.

In diesem Buch wird die Vorgehensweise bei der Erstellung eines Trainingsplans beschrieben - aus der Praxis für die Praxis.

Um eine gewisse Allgemeingültigkeit für alle Disziplinen zu gewährleisten, werden in diesem Buch ausschließlich grundsätzliche Dinge angesprochen - und zwar disziplin- und altersgruppenübergreifend. Das ist zwar ein extremer Spagat, aber, zumindest was die Grundlagen betrifft, sehr wohl möglich.

Die übliche Herangehensweise bei der Trainingsplanung ist die, dass man die RTPs durchforstet, um zu erfahren, was man wann in den jeweiligen Disziplinen trainieren muss. Danach versucht man, das alles in einen logischen Gesamtplan zu bekommen.

Die hier beschriebene Herangehensweise ist eine andere: Man schaut erst einmal, wieviel Zeit der Athlet für das Training aufwenden will und kann und füllt erst dann die Trainingszeiten mit den erforderlichen Inhalten, und zwar zuerst mit sinnvoll verteilten sogenannten Planungsbausteinen. Sowohl für den Beginn einer Sportler-karriere als auch für den Einstieg in die Erstellung von Trainingsplänen sehe ich das als sehr viel praxisbezogener und auch einfacher an.

Das natürlich auf die Gefahr hin, dass in der dann zur Verfügung stehenden Zeit nicht alle erforderlichen Inhalte, Umfänge und Intensitäten abgearbeitet werden können. Das ist zwar nicht optimal, die Praxis lässt aber sehr oft nicht mehr zu. Der Athlet kann meist nicht unendlich viel Zeit für das Training aufbringen. Schulische Verpflich-tungen, Praktika, Ausbildung, Verletzungen, Familie, Führerschein, Urlaub etc. sind alles Dinge, die zu berücksichtigen sind, ob man nun will oder nicht.

Hier in diesem Buch geht es um den praktischen Einstieg in die Komplettplanung, d. h. um die sinnvolle Zusammenstellung der Trainingsinhalte.

Erst wenn der Trainer ein Gefühl vor allem für die Umsetzbarkeit der Planung bekommt, kann es nicht nur, sondern muss es weitergehen mit immer besseren und ausgefeilteren individuellen Plänen mit höheren Umfängen und Intensitäten.

Hier geht es darum, Grundwissen zu vermitteln, so dass mit der Planung begonnen werden.

Das Grundwissen

In diesem Buch wird also das theoretische Grundwissen vermittelt, das Trainer bzw. angehende B-Trainer in die Lage versetzt, erste Pläne zu schreiben, die durchführbar sind und den Athleten auch leistungsmäßig voranbringen.

Dieses Grundwissen umfasst im Wesentlichen die

- **Erklärung der Haupttrainingsmittel und die**
- **Herangehensweise an die eigentliche Planung.**

Ich bin davon überzeugt, dass der Leser oder die Leserin nach Studium dieses Buches sehr wohl in der Lage sein wird, einen sinnvollen und durchführbaren Plan für einen Athleten zu schreiben, sagen wir mal auf dem Niveau, dass eine Teilnahme an den Deutschen Jugendmeisterschaften durchaus möglich wäre - Talent und Trainingseifer des Athleten natürlich vorausgesetzt.

Im ersten Teil erkläre ich in geraffter Form die Haupttrainingsmittel (HTM). Das ist zwar Trainergrundwissen, aber da dieses Wissen Grundlage für die Planungstätigkeit ist, sind die HTM und deren Inhalte hier noch einmal aufgeführt.

Im zweiten Teil beschäftige ich mich dann mit der eigentlichen Planung und ganz speziell mit der Herangehensweise - mit den ersten Schritten.

Zur Erinnerung:

Ich schreibe hier über grundsätzliche Dinge der Planung - disziplinübergreifend - und zwar für den Leistungssportler und nicht für Gesundheits- oder Freizeitsportler, die sich nicht solch rigorosen und detaillierten Plänen unterwerfen wollen oder müssen.

Es geht hier auch nicht um Feinheiten, Ausnahmen und die vielen alternativen Möglichkeiten der Leistungsentwicklung, sondern um Grundlegendes.

Sehr viele interessante Sachverhalte sind hier auch nur oberflächlich abgehandelt, weil es ansonsten den gesteckten Rahmen sprengen würde. Weitergehendes, detailliertes Wissen über Trainingsplanung kann in B-Trainer-Lehrgängen für die einzelnen Disziplingruppen erworben werden und auch in den RTPs des DLV nachgelesen werden.

Die Haupttrainingsmittel (HTM)

Haupttrainingsmittel
(HTM)

Jedes Fachgebiet, so auch die Leichtathletik, hat seine eigene spezifische Fachsprache. Beherrscht ein Trainer diese Fachsprache nur unzulänglich und kennt er die Definitionen der Begrifflichkeiten und deren Abkürzungen nicht, ist eine Kommunikation mit anderen Trainern und das Studium der Fachliteratur nur schwerlich möglich. Einige dieser für die Trainingsplanung relevanten Begrifflichkeiten und Abkürzungen sind auf den nachfolgenden Seiten erklärt.

Beginnen möchte ich mit den „Haupttrainingsmitteln", oder kurz HTM. Damit sind keine Geräte gemeint, sondern es handelt sich dabei um die Trainingsinhalte.

Wenn man die Frage stellt:

„Was muss der Athlet alles trainieren?",

käme die Aufzählung der folgenden Haupttrainingsmittel (HTM) heraus:

- **Spiele**
- **Dehnung/Mobilisierung**
- **Turnen**
- **Koordination**
- **Drills**
- **allgemeine Athletik**
- **Ausdauer**
- **Regeneration/Kompensation (ReKom)**
- **Schnelligkeit**
- **Schnelligkeitsausdauer**
- **Kraft**
- **Sprünge**
- **Würfe**
- **Technik**

Zugegeben, es gibt auch andere Auf- und Unterteilungen, aber im Wesentlichen ist es das, was ein Athlet trainieren sollte oder muss, natürlich immer gewichtet nach Disziplin(gruppe), Altersgruppe, Trainingsalter, Geschlecht, Leistungsfähigkeit, Trainingsperiode etc.

Egal welches Haupttrainingsmittel der Trainer gerade einsetzt: Er muss sich immer die Frage stellen, was er mit dem Einsatz eines bestimmten Haupttrainingsmittels bezwecken möchte. Möchte er, dass der Athlet schneller über 100 m sprintet, wird er sich sicherlich der Haupttrainingsmittel „Schnelligkeit" und „Drills" aber auch „Koordination", „allg. Athletik", „Kraft" und „Technik" bedienen, um das zu erreichen.

Kommen wir jetzt Schritt für Schritt zu den Inhalten der einzelnen HTM.

Spiele

Beginnen möchte ich mit dem HTM „Spiele". Je jünger die Aktiven sind, desto spiel-orientierter ist das Training. Es gab eine Zeit, da haben wir von sogenannter „Spielleichtathletik" gesprochen. Hintergrund war, dass die Kinder die Leichtathletik spielerisch erlernen sollten. Mittlerweile ist man von diesem Terminus abgewichen und nennt es „Kinderleichtathletik". Die Trainingsinhalte und -methoden sind aller-dings im Wesentlichen gleich geblieben. Für einen spielorientierten Trainingsbetrieb insbesondere bei den jüngeren Jahrgängen gibt es gute Gründe.

- **Spiele machen mehr Spaß als ein eintöniges Hin-und-her-Gerenne**
- **Spiele fördern das Gemeinschaftsgefühl**
- **Mit Spielen können die unterschiedlichsten koordinativen aber auch konditionellen Fähigkeiten gefördert werden**
- **Ein Spiel kann als Ankommens- und Aufwärmphase dienen**

Bei der Auswahl der Spiele muss man darauf achten, dass sich alle daran beteiligen können. Die ausgewählten Spiele müssen altersgerecht sein und möglichst allen Spaß machen.

Übrigens, auch Jugendliche und sogar Erwachsene spielen gern und als Ankommens- und Aufwärmphase ist zum Beispiel ein kleines Basketballspiel sehr gut geeignet. Abgesehen von den koordinativen und konditionellen Komponenten, ist der Spaßfaktor entscheidend, den man immer berücksichtigen sollte.

Spiele und spielerische Übungen sind in irgendeiner Form immer in der Trainingsplanung zu berücksichtigen.

„Spiele" gehört nicht unbedingt zu den Haupttrainingsmitteln, gehört aber zum praktischen Trainingsbetrieb. Bei der Zeitbudgetplanung sind „Spiele" also zu berücksichtigen. Deshalb hier die Erwähnung.

Dehnen und Mobilisieren

Kommen wir zum Dehnen und Mobilisieren, zusammenfassend oft auch als Beweg-lichkeitstraining bezeichnet. Und schon sind wir bei einem kontrovers diskutierten Thema. Als Vorbereitung zum eigentlichen Training sollte man nach der Erwärmungs-phase die Muskeln dehnen und die Gelenke mobilisieren, um bei den nachfolgenden Inhalten eine möglichst große Bewegungsamplitude zu erreichen. Verkürzte Muskeln sind immer wieder zu dehnen und ein eingeschränkter Bewegungsradius eines Gelenks erfordert immer wieder die Mobilisation des Gelenks.

Muskeln kann man dehnen. Gelenke kann man mobilisieren.

Vor einigen Jahren noch war man der Überzeugung, dass ein ausgiebiges Dehnen vor dem eigentlichen Training vor Muskelverletzungen (Zerrungen etc.) schützt. Mittler-weile wissen wir, dass das ein Irrtum war. Nur ein intensives Erwärmen der Muskulatur schützt vor solchen Verletzungen.

Mit Dehnen kann man keinen Muskel auf „Betriebstemperatur" bringen.

Vor einigen Jahren wurde „Stretching" als Heilsbringer in allen Sportarten und Nichtsportarten betrachtet und schwappte von den USA nach Europa über.

Stretching (eigentlich nur die englische Bezeichnung für Dehnen) wurde als minutenlanges statisches Dehnen beschrieben, das alle möglichen positiven Effekte mit sich bringen sollte. Aber für einen Leistungssportler, der sich zum Beispiel unmittelbar auf einen Hürdensprint vorbereitet, ist solch ein „Stretching" nicht nur sinnlos, sondern sogar kontraproduktiv. Mit „Stretching" zieht man den Muskel in die Länge (wie ein Gummiband), der dann nicht mehr in der Lage ist, schnell zu kontrahieren (erforderlich z. B. beim Hürdensprint). Stretching ist in diesem Fall nicht leistungssteigernd, sondern leistungshemmend.

Aber auch „Stretching" hat seine Bedeutung. Nämlich im Gesundheitssport und in Trainingsperioden, in denen es darum geht, erkannte Muskelverkürzungen zu beseitigen oder erst gar nicht aufkommen zu lassen. Das geht mit dynamischem Dehnen und anderen Dehnungsformen allerdings auch!

Ganz grob gesagt, wendet man dynamisches Dehnen vor dem eigentlichen Training oder dem Wettkampf, statisches Dehnen nach dem Training (aber nicht zeitnah), als isolierte Trainingseinheit und im Gesundheitssport an.

Schwerwiegende Muskelverkürzungen gehören in die Hände eines Physiotherapeuten. Wir Leichtathletiktrainer können da höchstens unterstützend wirken.

Dehnen und Mobilisieren sind fester Bestandteil eines jeden Leistungstrainings. Bis zu 10 Minuten sollte man dafür im Zeitbudget einer jeden Trainingseinheit berücksichtigen.

Wissen sollte man, dass Dehnen und Mobilisieren eigentlich nur theoretisch unterschieden wird. In der Praxis verwendet man meist identische Übungen, da Gelenke und die darum herum befindliche Muskulatur Einheiten bilden. Ein Gelenk kann man nur soweit mobilisieren, wie es der Muskel zulässt, und einen Muskel kann man nur soweit dehnen, wie es das Gelenk zulässt. Mobilisieren kann man Gelenke übrigens auch mit großen Bewegungsamplituden beim Kraft- und Koordinationstraining.

Ein „Ausdehnen" direkt nach dynamischen Trainingsübungen ist eher nicht sinnvoll, 1 Stunde danach schon (also zu Hause).

Dehnungseffekte halten so in etwa 45 Minuten an.
Heißt: Wenn man vor einem Wettkampf unbedingt statisch dehnen möchte, kann man das sehr wohl machen, es sollte aber mindestens 1 Stunde vor dem Start abgeschlossen sein.
Nur dynamisches Dehnen direkt vor einem Wettkampf ist sinnvoll.

Einzelne Trainingseinheiten mit Dehnen und Mobilisieren als einzigen Inhalt sind in der Vorbereitungsperiode durchaus sinnvoll, die aber dann zu Hause absolviert werden sollten, weil Trainingsstunden dafür meist zu wertvoll sind.

Die Faszienrolle: Kurz nach der Jahrtausendwende hat man die Funktion der Faszien entdeckt. Faszien sind die silbrigen Häutchen, die jede einzelne Muskelfaser, jedes Muskelbündel und jeden Muskel umhüllen und muskelübergreifend miteinander verbunden sind. Bei Dehnübungen dehnt man also nicht nur den Muskel, sondern auch die Faszien.

Ein Faszientraining unterscheidet sich daher auch ein wenig vom normalen Dehnen. Es umfasst muskelgruppenübergreifende Dehnübungen. Mit der Faszienrolle hat das allerdings nichts zu tun. Mit der Faszienrolle werden sogenannte Verklebungen von Faszien mit anderen Faszien oder Muskelverhärtungen beseitigt, die über kurz oder lang zu einem Verletzungsproblem führen könnten.

Der ständige Einsatz der Faszienrolle während des Trainings ist eher nicht sinnvoll, sondern sollte zu den „Hausaufgaben" des Athleten gehören.

Turnen

Leichtathletik ist Laufen, Springen und Werfen. Warum sollte ein Leichtathlet nun Turnübungen machen?

Turnen hat etwas mit Körperbeherrschung, Körperspannung, Bewegungserfahrung und Koordination zu tun. Das sind Dinge, die ein Leichtathlet auch benötigt. So haben Stabhochspringer und auch Hochspringer immer auch Turnprogramme zu absolvieren, aber auch für andere Disziplinen sind sie ein wichtiger Baustein im allgemeinen Training, insbesondere im Schüler- und Jugendalter.

Mittlerweile sieht man oft, dass 12- oder 13-Jährige keine richtige Rolle vorwärts und/oder rückwärts mehr ausführen können. Das liegt einerseits an der allgemeinen aus verschiedenen Gründen vorhandenen Bewegungsarmut, andererseits wird es in der Schule nicht mehr entsprechend geübt/gelehrt - auch aus verschiedenen Gründen. Dass Kinder dann mit einem Salto völlig überfordert sind, ist wohl klar.

Leichtathletiktrainer müssen immer wieder bemüht sein, Kindern nicht nur die Leichtathletik nahe zu bringen, sondern auch elementare Turnübungen in das Training zu integrieren. Und warum macht man das? Weil Leichtathletik nun einmal vielseitig betrieben werden soll - insbesondere im Schüleralter. Später - im Leistungstraining - wird diese Vielseitigkeit dann auch nicht aufgegeben, sondern man hält weiter daran fest, wenn auch in geringerem Umfang.

Im Winter Turnübungen auf Matten, am Reck oder am Barren und im Sommer auf dem Platz auf Hochsprungmatten durchzuführen, gehört zur Leichtathletik dazu. Nicht in jeder Trainingseinheit, aber immer wieder eingestreut. Und das über alle Altersgruppen hinweg.

Noch etwas zur Vielseitigkeit,

Vielseitigkeit ist ein Terminus, der in diesem Buch häufiger auftaucht, ja schon fast überstrapaziert wird. Auch wenn im Schülertraining die Teilnahme an Vier- und/oder Blockwettkämpfen obligatorisch ist, bedeutet Vielseitigkeit nicht zwangsweise Mehrkampf. Auch ein Jugendtraining muss vielseitig gestaltet werden (Einsatz der HTM in der gesamten Vielfalt). Vielseitigkeit bedeutet vielseitiges Training und nicht zwangsweise die Darstellung von Leistungen in den unterschiedlichsten Disziplinen.

Vielseitigkeit sollte nicht mit Mehrkampf verwechselt werden. Der Mehrkampf (Zehnkampf, Siebenkampf) ist eine eigenständige Disziplin und besteht nicht aus zusammengewürfelten Einzeldisziplinen.

Koordination
(Koo)

Eine hohe allgemeine Koordinationskompetenz ist das, was alle Athleten in allen Disziplinen benötigen. Und Koordinationskompetenz bedeutet nicht, dass man das Lauf-ABC beherrscht. Koordinationskompetenz ist sehr viel weiter gespannt.

Aber warum ist die Koordinationskompetenz so wichtig? Schon als Kleinkind lernen wir vielfältige Bewegungen, wir lernen das Laufen, die Verwendung von Messer und Gabel, Fahrrad fahren, Schwimmen und vieles mehr. Das Gehirn lernt, Bewegungen anzusteuern.

Diese Lernfähigkeit, die in jungen Jahren im Überfluss vorhanden ist, gilt es zu nutzen, um ständig neue Bewegungsmuster zu erlernen. Hat das Gehirn erst einmal etwas gelernt (zum Beispiel Schwimmbewegungen), verlernt es das nicht. Die Bewegungen sind abgespeichert und abrufbar.

Das Thema Koordination ist bei den jüngsten Athleten daher von zentraler Bedeutung, immer nach dem Motto „Was Hänschen nicht lernt, lernt Hans nimmermehr".

Durch ein hohes Maß an koordinativen Fähigkeiten lernt der Athlet, den Körper insgesamt besser zu steuern, was dann unter Stressbedingungen (= Wettkampf) schlussendlich zu stabileren und besseren Leistungen führt.

10 Minuten Koordination gehört in jedes Training, egal ob jung oder alt. Und Koordination beschränkt sich nicht auf Hopserlauf, Prellhüpfer, Pferdchengalopp und Kniehebelauf. Das Programm muss immer wieder anders sein, immer wieder müssen neue Dinge oder Abwandlungen hinzukommen. Möglichst bei jedem Training!

Das kann für den Trainer mitunter etwas stressig werden, besonders dann, wenn es sich um Athleten handelt, die er vielleicht schon über Jahre hinweg trainiert.

Genau das ist es aber, was - unter anderem - einen guten Trainer auszeichnet. Variation im Koordinationstraining. Was natürlich nicht heißt, dass man kein Lauf-ABC mehr machen muss, weil das ja schon bekannt ist. Bekannte Übungen und deren exakte Ausführung müssen mit ständig neuen Dingen verbunden werden.

Eine sehr beliebte Form des Koordinationstrainings ist das Hürden-ABC in all seinen Formen und Abwandlungen, und zwar ab dem Schüleralter und disziplinübergreifend. Gleichzeitig kann damit auch die Beweglichkeit, das Rhythmusgefühl und auch die Aktionsschnelligkeit trainiert werden.

Übrigens, das klassische Lauf-ABC läuft bei mir nicht unter Koordination, sondern unter Drills. Aber das ist eine Meinung. Siehe „Drills".

Wenn man die Gelegenheit dazu hat, bei anderen Trainingsgruppen einmal zu „spionieren", wird man sehen, dass Trainer leider oft dazu neigen, die allgemeine Koordination zu vernachlässigen und direkt in den Zieltechniken arbeiten, auch im Schüler- und Jugendtraining.

Die allgemeine Koordination in ihrer gesamten Vielfalt darf auf keinen Fall vernachlässigt werden. Der Trainer sollte sich immer wieder neue Bewegungskombination einfallen lassen. Man kann auch Dinge mit geschlossenen Augen machen. Man kann bei bestimmten Übungen auch gleichzeitig das Einmaleins laut aufsagen lassen. Die Übungen können gar nicht kompliziert genug sein. Es geht nicht darum, alle Bewegungen richtig zu machen, sondern darum, es zu versuchen.

Bewegungslernen hat eine zentrale Bedeutung im Schüler- und Jugendtraining.

Drills

Es ist nicht unbedingt üblich, zwischen Koordination und Drills zu unterscheiden. Bei Koordination handelt es sich hauptsächlich um das Bewegungslernen. Es gilt, immer ständig neue Reize zu setzen, um das abgespeicherte Bewegungsrepertoire des Gehirns zu vergrößern. Auch wenn man klassische Lauf-ABC-Übungen abwandelt und Zusatzaufgaben integriert, handelt es sich immer noch um Bewegungslernen.

Drills dahingegen sind Lauf-/Sprung-ABC-Übungen die „genormt" sind. Das sind Kniehebeläufe, Schlagläufe, Storchenläufe, Fußgelenksläufe, Druckläufe, Sprungläufe etc.

Anders gesagt, handelt es sich um immer gleichbleibende Bewegungsmuster, die einerseits koordinativ zu perfektionieren sind, andererseits erwirbt der Athlet dabei aber auch konditionelle Fähigkeiten.

Solche Drills sind überwiegend im Sprint-/Lauf-/Sprungbereich zu finden und eine ganze Reihe davon, nämlich die, die konditionell nicht so hoch belastend sind, sind schon im Anfängertraining allgegenwärtig.

Sowohl Koordinationstraining als auch Drills können eigenständige Bausteine sein, man kann beide Haupttrainingsmittel aber auch in einem Baustein zusammenfassen.

Springer und Sprinter haben Drills aus dem Lauf-ABC oder dem Sprung-ABC in irdendeiner Form in jeder Trainingseinheit dabei, ein Läufer und ein Werfer auch, aber weniger intensiv.

Allgemeine Athletik
(AA)

Mal ganz platt gesagt, ist das Training der allgemeinen Athletik eigentlich ein Krafttraining. Allgemeine Athletik grenzt sich vom Maximalkrafttraining allerdings dadurch ab, dass eben nicht die Maximalkraft, sondern die Kraft allgemein trainiert wird.

Übungen für Bauch, Rücken, Schultern, Arme, Oberschenkelbeuger, Oberschenkelstrecker und Füße sind fester Bestandteil eines solchen Athletik-Programms.

Ein Athletikprogramm wird meist in Form von Stabilisationsübungen (Stabis) oder eines Zirkel-/Stationstrainings absolviert.

Auch ein allgemeines Training an Kraftgeräten ist möglich.

Das Training der allgemeinen Athletik ist dadurch gekennzeichnet, dass die Wieder-holungszahlen hoch, die Pausen eher kurz und die Übungen abwechslungsreich sind.

Das schwächste Glied in der Kette bricht zuerst. Diese Wahrheit gilt auch für jede Form von Leistungstraining. Hat ein Hürdenläufer schwache/weiche Füße, ist eine Verletzung vorprogrammiert. Das Gleiche gilt aber auch für alle anderen Disziplinen. Falscher Fußaufsatz und schwach ausgebildete Muskulatur in den Füßen führen über kurz oder lang zu schweren Verletzungen und/oder Schäden, wenn leistungsmäßig trainiert wird. Auch ein schwaches Handgelenk kann zu Problemen führen, wenn man Kugelstoßer ist.

Ohne eine gute Rumpfkraft kann man weder korrekt laufen noch richtig springen. Auch hier sind Verletzungen vorprogrammiert (Fuß, Knie, Hüfte). Wie soll ein Hochspringer seine Beine über die Latte hieven, wenn die Bauchmuskulatur schwach ist? Ich könnte jetzt endlos weitere gute Gründe für das Training der allgemeinen Athletik nennen, aber ich glaube es ist schon jetzt für jeden ganz klar, dass darauf im Sinne der Gesundheit des Athleten nicht verzichten werden darf. Das Training der allgemeinen Athletik ist auch zur Vermeidung von muskulären Dysbalancen wichtig.

Dabei hat das Training der Rumpfkraft Priorität.

Ob man mit einer besseren Athletik direkt bessere Wettkampfergebnisse erzielen könnte, müsste man mit einem klaren Jein beantworten. Eine bessere Athletik führt nicht automatisch dazu, dass man zum Beispiel weiter springt oder schneller läuft.

Indirekt ist es aber so, dass man vielleicht Bewegungen korrekter durchführen kann und dass man frei von Dysbalancen und Verletzungen koordinativ besser, kontinuierlicher und intensiver trainieren kann. Genau das wiederum führt dazu, dass die Wettkampfergebnisse gesteigert werden können.

Ohne Athletiktraining baut man jedes leistungsorientierte Training in jeder Sportart und jeder Disziplin auf Sand.

Dies gilt nicht nur für Athleten, die in technischen Disziplinen starten, sondern auch für Läufer - auch wenn Läufer es manchmal nur schwer einsehen, dass sie vielleicht mal ein paar km weniger laufen, dafür aber die Athletik trainieren sollten.

Und noch etwas: Athletiktraining beginnt mit den Jüngsten und hört auch nicht in den Alterssportgruppen auf. Wir nennen das dann nicht zwangsweise Athletiktraining, aber die Inhalte sind dementsprechend, auch wenn die Intensitäten weitaus geringer sind.

Athletiktraining findet ganzjährig für alle Altersgruppen und alle Disziplinen statt, auch wenn es in der Vorbereitungsperiode intensiver erfolgt.

Ein 10-minütiges Stabitraining oder ein ähnliches Training der allgemeinen Athletik gehört in jede Trainingseinheit. Wird ein Zirkel- oder Stationstraining absolviert, kann es auch schon einmal 45 Minuten oder länger dauern.

Ausdauer
(A)

Gerade über das Training der Ausdauer haben schon unzählige Autoren geschrieben. Kaum etwas im Sport ist so gut dokumentiert wie das Training von Ausdauersportlern, insbesondere das der Läufer. Beschäftigt man sich erstmals mit dem Thema Ausdauer, erkennt man schnell, dass es viele unterschiedliche Möglichkeiten/Methoden des Trainings gibt. Das wird dann ziemlich schnell erst kompliziert und dann verwirrend.

Das Training der Ausdauer ist ein fester Bestandteil im Training der Leichtathletik. Weglassen geht also nicht. Eine kurz gefasste Erklärung dieses Themas ist allerdings schwierig. An dieser Stelle deshalb auch nur die Grundsätzlichkeiten über Ausdauer. Im Prinzip ein roter Faden, und zwar über die Disziplingruppen hinweg und speziell in Hinblick auf die allgemeine Trainingsplanung in der Leichtathletik.

Es gibt verschiedene Sportarten und Disziplinen, für die Ausdauer trainiert wird.

Da sind einmal die **Gesundheitssportler**, die das Herz-Kreislaufsystem stärken oder ihr Gewicht reduzieren möchten. Und Ausdauersport ist da das Mittel der Wahl. Gekennzeichnet durch langsame, längere Läufe ohne großartige Temposteigerungen. Langsam anfangen, langsam aufhören ist das Prinzip. 3x/Woche ist da völlig ausreichend. Zu beachten wäre da noch, dass eine signifikante Fettverbrennung erst ab so etwa 40 Minuten einsetzt.

Dann gibt es die **Volksläufer** und **Fitnessfreaks**. Etwas ambitionierter als die reinen Gesundheitssportler. Spaß bestimmt das Training, das dann schon einmal etwas intensiver erfolgen kann. Die erzielten Zeiten sind für sie interessant aber nicht „lebensnotwendig".

Dann gibt es **Leistungssportler außerhalb des Ausdauersports**. Diese Athleten trainieren die Ausdauer schon ernsthafter, aber eben nicht so intensiv und schon gar nicht für bestimmte Streckenlängen wie ein Läufer, weder von der Anzahl der Trainingseinheiten (im Ausdauerbereich) noch von der Intensität.

Und dann gibt es natürlich noch den leistungsorientieren **Mittel- oder Langstreckenläufer**, für den das Ausdauertraining ein zentraler Punkt des Trainings ist.

In der Aufzählung nicht vergessen möchte ich das **Lauftraining im Schüleralter**.

All diese Athleten trainieren Ausdauer völlig anders.
Ausdauertraining ist nicht einfach nur Ausdauertraining.
Das ist sehr viel differenzierter.

Hier in diesem Buch geht es wie gesagt um Grundsätzlichkeiten, die man bei der Trainingsplanung berücksichtigen muss. Es geht darum, ein förderliches Ausdauertraining, wie immer es dann auch für die einzelnen Athleten (oder für die Disziplin) aussehen mag, zu konzipieren und in das individuelle Programm einzubauen.

Lauftraining im Schüleralter

Noch ein Wort dazu, ab welchem Alter Ausdauertraining sinnvoll ist. Zuerst einmal die gute Nachricht: Ausdauer ist sehr gut trainierbar, auch bei nicht vorhandenem Talent und das bis in das hohe Alter. Man muss damit nicht in der frühesten Jugend beginnen. Wenn im Leistungssport im Alter von 13 Jahren mit einem regelmäßigen einmal die Woche stattfindendem Ausdauertraining begonnen wird, das dann jährlich immer etwas umfangreicher und intensiver wird, ist das völlig in Ordnung. Mit Leistungsein-bußen im Erwachsenenalter ist nicht zu rechnen.

Es ist absolut unsinnig, einen zum Beispiel 12-jährigen Athleten ausschließlich auf längere Strecken (und das fängt schon bei 800 m an) zu trainieren. Aus diesem Grund findet man auch keine Fachliteratur mit Anleitungen für ein Ausdauertraining mit Schülern.

Eine frühzeitige Spezialisierung auf Laufdisziplinen (das gilt natürlich auch für alle anderen Disziplinen) und ein damit verbundenes einseitiges Training ist abzulehnen. Und das aus zwei Gründen:

Erstens: Hohe Laufbelastungen stören den Wachstumsprozess und eine übermäßige und einseitige Laufbelastung führt letztendlich zu Dysbalancen, muskulären Verletzungen und manchmal sogar zu Schäden am Skelettsystem.

Zweitens: Für eine spätere gute Leistungsentwicklung ist es geradezu schädlich, zu früh mit intensivem Ausdauertraining zu beginnen und dabei die allgemeine Athletik und vor allem die Schnelligkeitsentwicklung zu vernachlässigen.

Wenn Athleten im Schüleralter intensiv und einseitig im Lauf trainiert werden, stellt sich meist das Phänomen ein, dass viele ihre Leistungsfähigkeit später kaum noch signifikant steigern können. Ganz besonders trifft das für die jungen Damen zu, die ihre körperliche Entwicklung dann abgeschlossen haben. Oft genug hat solch ein Athlet die Zukunft dann schon hinter sich.

Im RTP „Grundlagentraining" für 12- bis 15-Jährige empfiehlt der DLV deshalb auch ganz explizit, dass bis einschließlich dem 15. Lebensjahr keine Spezialisierung auf eine Disziplin erfolgen sollte, sondern das Mehrkampftraining (= Vielseitigkeit) Vorrang hat.

Im Alter von bis zu 15 Jahren sind vorrangig Schnelligkeit und Schnellkraftübungen sowie die Koordination und die allgemeine Athletik zu trainieren. Ausdauertraining umfasst da nur einen kleineren Teil des Trainings. Und Schnelligkeitsausdauer (Intervalltraining oder Tempoläufe) wird nur ansatzweise und nur über kürzere Strecken trainiert.

Grund für diese Empfehlung des DLV ist einerseits die Erhaltung der Gesundheit der jungen Athleten und, andererseits, dass Leistungen behutsam und kontinuierlich gesteigert werden sollen und später dann möglichst viele junge Athleten in den Männer- bzw. Frauenbereich überwechseln.

Die Grundlagenausdauer

Für einen Leistungssportler ist ein gewisses Maß an Ausdauertraining ein Muss. Das gilt sogar für Werfer. Ein effektives Ausdauertraining führt dazu, dass andere Trainingsinhalte intensiver (ausdauernder) durchgeführt werden können, ohne dass eine frühzeitige Ermüdung eintritt.

In der Fachliteratur tauchen immer wieder die Begriffe Grundlagenausdauer 1 (GA1) und Grundlagenausdauer 2 (GA2) auf. Was ist das?

Unter Grundlagenausdauer 1 (GA1) versteht man die „kontinuierliche Dauermethode". Der Umfang (km) ist hoch, die Intensität entsprechend gering.

Beim Training der Grundlagenausdauer 2 (GA2) wird die Weiterentwicklung der Grundlagenausdauer 1 durch höhere Intensitäten (Pulsschlagzahl bzw. Laktatwert) trainiert. Das geschieht mit der Tempowechselmethode.

Zuvor aber noch etwas zur Pulsschlagzahl und dem Laktatwert: Um einen optimalen Trainingseffekt zu erreichen, sollte man innerhalb einer bestimmten Pulsschlagzahl oder eines Laktatwertes trainieren. Daher läuft man beim Training der Ausdauer auch mit einer Pulsuhr oder misst nach bestimmten Trainingsinhalten den Laktatwert (Messung der im Muskel vorhandenen Milchsäure). Aber zuerst einmal zurück zur Tempowechselmethode.

> **Die Tempowechselmethode (ein Beispiel):**
> **15 Minuten Einlaufen**
> **5 Minuten Puls 170**
> **10 Minuten Puls 140**
> **5 Minuten Puls 170**
> **10 Minuten Puls 140**
> **5 Minuten Puls 170**
> **10 Minuten Auslaufen**

Die Tempowechselmethode ist also KEIN Schnelligkeitsausdauer-, sondern ein Ausdauertraining.

Dies alles ist natürlich abhängig vom Niveau, Trainingsalter, der maximalen Pulsschlagzahl etc. etc. eines Athleten.

Wie schnell muss der Sportler nun laufen, um seine Ziele zu erreichen?

Wir machen das am Puls fest. Deshalb an dieser Stelle etwas zur Pulsschlagzahl beim Ausdauertraining. Falsch wäre es, wenn man sagt, dass man zwischen 140 und 160 Puls (am besten 150) laufen sollte, wenn man die Ausdauerfähigkeit verbessern möchte. Wenn man den maximalen Puls eines 60-Jährigen testen würde, käme man höchstens auf 170, wenn überhaupt.

Die maximale Pulsschlagzahl eines Menschen ist also abhängig von seinem Alter und natürlich von verschiedenen anderen Faktoren. Sie ist individuell und veränderlich.

GA1:
Es gilt, dass die Pulsschlagzahl zwischen 60 und 75 % des Maximalwerts betragen sollte, wenn die aerobe Ausdauerfähigkeit verbessert werden soll. Das wäre dann ein aerobes Training oder Training ohne Sauerstoffschuld. Wenn man ohne Pulsuhr trainiert, heißt das, dass man während des Trainings immer gut Luft hat und sich noch unterhalten kann.
Belastungsdauer: so ab 30 Minuten, auch abhängig davon, welche Wettkampfstrecke angestrebt wird.
Das ist dann ein GA1-Training.
Und wer den Laktatwert wissen möchte: Der liegt so bei 2,5 mmol.

GA2:

Wird das Tempo erhöht, so dass man sich mit der Pulsschlagzahl so zwischen 70 und 80 % des Maximalwerts bewegt, wird man feststellen, dass bei dieser Pulsschlagzahl das Tempo je nach Trainingsstand nicht sehr lange gehalten werden kann. Danach muss man eine Pause machen, d. h. entweder sehr viel langsamer laufen oder eine Gehpause einlegen. Ist der Puls dann wieder so um die 60 %, kann man den nächsten Intervall laufen. Belastungsdauer: 20 - 60 Minuten.
Das ist dann ein GA2-Training.
Und wer den Laktatwert wissen möchte: Der liegt so bei 3 - 4 mmol.

Noch ein Wort zum Verhältnis GA1 zu GA2:
Nichtausdauersportler und Hobbyläufer werden meist nur im GA1-Bereich oder auch einer Mischung aus GA1 und GA2 unterwegs sein. Nur ambitionierte Läufer bzw. Läufer im Leistungsbereich trainieren GA1 **und** GA2, dann aber so, dass GA1 im Winter öfter stattfindet und GA2 öfter vor und während der Wettkampfperiode trainiert wird. Je leistungsstärker der Athlet ist, desto häufiger wird im GA2-Bereich trainiert.

Insgesamt muss man aber sagen, dass das Ausdauertraining vielfältiger ist als nur GA1 und GA2. Auch die Übergänge können fließend gestaltet werden. Mit anderen Worten: Ausdauertraining im Leistungsbereich ist nur auf den ersten Blick einfach und warum manche Leute mit Pulsuhr laufen, ist nun auch verständlich.

An eine Ausdauertrainingseinheit sollten sich übrigens immer einige schnelle kurze Läufe anschließen, zum Beispiel 3 Steigerungen über 75 m.

Jetzt müsste die Erkenntnis gekommen sein, dass ein Läufer, der seine Grund-lagenausdauer verbessern möchte, das eigentlich nur dann mit einem anderen Läufer zusammen machen kann, wenn der den gleichen Trainingszustand hat und genau die gleichen Intensitäten laufen muss.

Bei bestimmten Trainingsinhalten sind die Läufer also oft allein unterwegs oder andere Athleten laufen nur Teile der Strecke mit, mitunter auch mit einer anderen Geschwindigkeit.

Wer sich intensiv mit dem Lauftraining beschäftigt, wird feststellen, dass Begrifflich-keiten, Methoden und Werte unterschiedlich definiert bzw. angegeben werden. Die hier genannten Definitionen und Werte möchte ich daher auch nur als Orientierung gewertet wissen.

Letztendlich müsste es nun so sein, dass unsere deutschen Athleten vollgepfropft mit hochwissenschaftlichen Erkenntnissen trainieren, umgeben sind von hochentwickelter Technik, sich perfekt ernähren und dann immer bessere Zeiten laufen. Leider ist dem nicht so. Die Gründe dafür sind vielschichtig. Eine ausgeklügelte Puls- und Laktatmessung ändert da wenig. Sehr intensives Training wäre da sinnvoller. Aber gerade das ist in unserer heutigen spaßorientieren, vollkaskoversicherten Lebensweise nur selten durchsetzbar, auch deshalb, weil im Ausdauersport jahrelanges intensives Training erforderlich ist, bis der Athlet seinen Zenit erreicht hat.

Noch etwas an die Läufer:
In einem guten Trainingsplan stehen auch allgemeine Athletik, Koordination, Beweglichkeit und vor allem Regeneration. Wer das nicht berücksichtigt und nur km herunterschnurrt, wird über kurz oder lang in einen Schaden hineinlaufen. Und dann ist Schluss mit dem Laufen - zumindest im Leistungsbereich.
Und Läufer trainieren auch in Ausdauereinheiten vielseitig. Um einseitige Belastungen weitgehend zu vermeiden, werden auch andere Methoden wie Radfahren, Spinning, Schwimmen, Aqua-Jogging etc. (= Crosstraining) zur Entwicklung der Ausdauer herangezogen.

Umfänge, Intensitäten und Pausen

In der Kinderleichtathletik streben wir an, dass der Athlet so um die 15 Minuten durchlaufen kann (aerobe Ausdauer).

In der Schülerleichtathletik streben wir an, dass am Ende der Ausbildung, also mit 15 Jahren, der Athlet einen Dauerlauf so um die 30 Minuten lang absolvieren kann. Das erreichen wir mit GA1-Läufen, Fartlek (Fahrtspiel) und Intervallen, bei denen die einzelnen Laufstrecken relativ kurz sind (z. B. 60 m). Ein lauforientiertes Training ab ca. M/W14 erfolgt auch nicht öfter als 2x/Woche. Die anderen Trainingstage haben andere Trainingsinhalte.

Ein jugendlicher Mehrkämpfer absolviert Dauerläufe von bis zu 40 Minuten, ein Fahrtspiel über 2 - 3 km oder Serien- oder Wiederholungsläufe über 100 bis 500 m, alles im aeroben Bereich und meist nicht mehr als 1x/Woche. In der Vorbereitungsperiode öfter, in der Wettkampfperiode weniger.

Ein jugendlicher Mittelstreckler läuft zu Beginn des Jugendalters Strecken zwischen 5 und 10 km, etwa 3x/Woche, davon 2x GA1 und 1x GA2. Mit zunehmendem Alter wird die Anzahl der TE höher, ebenso die Intensitäten. In der Vorbereitung öfter GA1 als GA2, vor den Wettkämpfen dann in etwa im Verhältnis 1:1.

Zu den Pausen zwischen den Läufen und zu den Intensitäten ist zu sagen, dass dazu der Puls maßgebend ist. Die Belastungssteuerung beim Ausdauertraining erfolgt also über die Pulsfrequenz! Laktatmessungen können dazu auch verwendet werden, das ist dann aber etwas schwieriger durchführbar.

Sicherlich kann man das alles nicht so pauschal festlegen. Ich möchte mit diesen Angaben auch nur andeuten, dass sich Umfänge und Intensitäten im Verlauf der Trainingsjahre steigern - individuell. Man muss den Athleten auf höhere Belastungen vorbereiten, erst die Umfänge und dann die Intensitäten langsam aber kontinuierlich steigern. Auch ein Unterschied ist es, ob man sich in der Vorbereitungsphase oder der Wettkampfphase befindet.

Genaueres zu Streckenlängen, Intensitäten etc. findet man in den RTPs des DLV, die individuell an den Athleten angepasst werden müssen.

Aber auch wenn dort z. B. 40 km/Woche für einen Athleten angegeben wird, heißt das, dass diese 40 km nur dann gelaufen werden können, wenn diese Belastung über Jahre vorbereitet wurde und die anderen Haupttrainingsmittel nicht vernachlässigt werden. Also vorsichtig bei der Belastungssteigerung und nie das Ausgleichstraining vergessen, um Verletzungen vorzubeugen.

Noch etwas zu den Pausen. Man unterscheidet gerade beim Ausdauertraining zwischen Geh- und Laufpausen. Sitzpausen zwischen den Läufen sollten vom Trainer unterbunden werden. Pausenlängen beim Ausdauertraining orientieren sich häufig am Puls und nicht zwangsläufig an vorgegebene Zeiten.

ReKom
(Regeneration und Kompensation)

Ein ReKom-Training ist dem Nichtläufer eher mal kein Begriff. Wenn zum Beispiel der HSV am Samstag ein Spiel hat, bestellt der Trainer die Spieler am Sonntagmorgen zum „Auslaufen". Zumindest bezeichnen die Fußballer solch ein Training als Auslaufen. In Wirklichkeit handelt es sich dabei um eine ReKom-Einheit.

Belastet man den Körper, muss er sich danach erholen. Absolviert man beispielsweise ein GA1-Training, benötigt der Körper etwa 24 Stunden, um sich zu erholen. Im Prinzip könnte man also jeden Tag einen ruhigen Dauerlauf machen. Absolviert man ein knackiges GA2-Training, benötigt man 48 - 72 Stunden zur Erholung - natürlich abhängig von der Intensität. Ein GA2-Training kann man also nicht jeden Tag und auch nicht unbedingt alle zwei Tage machen.

Um die Erholung etwas zu beschleunigen, legt man nach einem harten GA2- oder einem Schnelligkeitsausdauertraining einen ReKom-Tag ein. Durch solch einen Lauf regeneriert der Körper schneller und man kann dann früher ähnliche Trainingsinhalte wieder hochwertig trainieren (wichtig für Läufer).

Bei einer Pulsfrequenz von 60 % des Maximalwerts läuft man so in etwa 30 - 40 Minuten, um die Wiederherstellung des Körpers zu unterstützen und die Regeneration zu beschleunigen.
Der Laktatwert beim ReKom-Training sollte dabei unter 1,5 mmol/l liegen.

Gerade verbissene Kilometerfresser und Intervall-Freaks sollten ReKom-Läufe regelmäßig einplanen, nicht nur nach dem Wettkampf.

Schnelligkeit
(S)

Der Begriff Schnelligkeit ist erklärungsbedürftig. Man unterscheidet

- **Aktionsschnelligkeit,**
- **Reaktionsschnelligkeit und**
- **maximale Schnelligkeit (auch lokomotorische Schnelligkeit).**

Reaktionsschnelligkeit benötigt man in der Leichtathletik mal abgesehen vom Start nicht. Aber ob man beim Start 0,01 s schneller ist oder nicht, verändert das Endergebnis auch nicht so gravierend. Reaktionstraining macht Spaß, frisst aber wertvolle Trainingszeit.

Schon anders sieht es bei der **Aktionsschnelligkeit** aus. Ein dynamischer Start, ein schneller Take-off oder eine explosive Abwurfbewegung haben schon etwas für sich. Und das ist auch zu trainieren.

Die **maximale Schnelligkeit** ist die entscheidende Größe beim Sprint und wird als „30 m Fliegendzeit" gemessen. Sie ist extrem wichtig und immer Gegenstand in Trainingsplänen der Leichtathletik - auch für Läufer und sogar für Werfer.

Dieser Abschnitt bezieht sich auf die maximale Schnelligkeit, also die Schnelligkeit, die man ca. 30 m lang halten kann, ohne auch nur einen Deut langsamer zu werden, nachdem man ca. 30 m (abhängig vom Niveau der Grundschnelligkeit) beschleunigt hat, um überhaupt die maximale Schnelligkeit zu erreichen.

Auf Grund der Energiebereitstellung in Form von ATP (Adenosintriphosphat), das sich in den Muskelzellen befindet,

kann der Mensch nur ca. 6-7 Sekunden maximal schnelle Bewegungen durchführen.

Schauen wir uns den Geschwindigkeitsverlauf von exzellenten 100 m-Sprintern an, so sehen wir, dass je nach Qualität des Sprinters, die Geschwindigkeit nach ca. 70 m (also ca. 7 Sekunden) leicht abfällt. Ursache dafür ist, dass der ATP (Adenosintriphosphat)-Speicher in den Muskelzellen entleert wurde und neu „geladen" werden muss, was dem Körper bei gleichbleibend hoher Geschwindigkeit nicht gelingen kann.

Da die maximale lokomotorische Schnelligkeit (d. h. maximal schnelles wechselweises Anspannen und Entspannen der Muskeln) nur mit maximaler oder submaximaler Schnelligkeit trainiert werden kann, dürfen demzufolge maximale Belastungen nicht wesentlich länger als ca. 7 Sekunden andauern, weil danach ja die Geschwindigkeit sinkt.

Zu trainieren wären dann Strecken zwischen 40 und 70 m, abhängig vom Niveau der Schnelligkeit des Athleten. So zum Beispiel sollten 12- bis 13-jährige Athleten beim Schnelligkeitstraining dann auch keine Strecken über 50 m laufen.

Läuft man längere Strecken (vielleicht sogar noch mit sehr kurzen Pausen zwischen den Läufen), trainiert man nicht mehr die Schnelligkeit, sondern die Schnelligkeitsausdauer.

Das ist auch gut, aber bei der Trainingsplanung sollte man schon wissen, was man trainieren möchte, Schnelligkeit oder Schnelligkeitsausdauer.

Bei Strecken von vielleicht nur 30 m trainiert man übrigens keinesfalls die maximale Schnelligkeit, sondern die Beschleunigung.

Beschleunigungstraining ist auch gut, aber es ist eben kein Training der maximalen Schnelligkeit.

Wenn man die maximale Schnelligkeit trainiert, handelt es sich um ein neuromuskuläres Training, das entweder mit maximaler oder submaximaler Geschwindigkeit - einer nur unwesentlich langsameren Geschwindigkeit - erfolgt. Wenn man innerhalb einer Trainingseinheit 4 x 70 m laufen möchte, müssen zwischen den einzelnen Läufen ausreichend lange Pausen erfolgen, um die Energiespeicher wieder zu laden, und auch das Zentralnervensystem braucht Erholung.

Faustregel für das Schnelligkeitstraining:
Pro 10 gelaufene Meter erfolgt eine Pause von ca. 1,5 - 2 Minuten.

Bei 70 m sind das dann mindestens 10 Minuten Pause, bevor der nächste Lauf starten kann. Sind die Pausen kürzer, trainiert man nicht die maximale Schnelligkeit, sondern die Schnelligkeitsausdauer. Das ist auch schön, aber …. (hatte ich ja schon erklärt). Mit anderen Worten: Schweißtreibend ist das eher nicht.

Zur Schnelligkeitsentwicklung sind entsprechend lange Pausen zwingend erforderlich.

Die Gesamtlaufstrecke (maximale Schnelligkeit) für 12- bis 13-Jährige in einer Trainingseinheit beträgt so in etwa 100 - 150 m (zum Beispiel 3 x 50 m). Bei 14- bis 15-Jährigen etwa max. 250 m. Und diese Strecken werden beileibe nicht alle und immer mit maximalem Tempo zurückgelegt, sondern überwiegend submaximal. Warum? Weil insbesondere Anfänger und auch junge Athleten dazu neigen, bei maximal schnellen Bewegungen unsauber zu laufen oder zu krampfen. Und gerade das will man ja beim Sprint nicht. Die Bewegungen müssen flüssig und korrekt sein. Außerdem muss man nach maximalen Läufen längere Pausen machen und auch die Anzahl der maximalen Läufe ist etwas geringer.

Frequenzläufe: Um schneller sprinten zu können, muss man die Frequenz der Schritte erhöhen. Um die Schrittfrequenz zu erhöhen, ordnet man Teller in bestimmten Abständen an, die leicht unterhalb der normalen Schrittlänge angeordnet sind. Der Athlet durchläuft die Tellerreihe dann mit maximaler (=höherer) Schrittfrequenz.

Letztendlich anzustreben ist natürlich das optimale Verhältnis zwischen Frequenz und Schrittlänge.

Eine andere Möglichkeit, die Schrittfrequenz zu erhöhen, sind **zugunterstützende Läufe**. Dazu lässt man sich von einem zuvor gedehnten Gummischlauch in ungeahnt schnelle Sprintbewegungen ziehen. Streckenlänge insgesamt: nicht mehr als 40 Meter. Man kann auch bergab (sehr leichtes Gefälle) oder windunterstützt laufen. Der Effekt ist ähnlich.

Die Sprintkraft trainiert man mit **Zugwiderstandsläufen**. Dabei zieht man einen Metallschlitten (mit einem Gewicht von bis zu 2,5 kg) hinter sich her. LKW-Reifen à la Rambo sind für ein Schnelligkeitstraining kontraproduktiv - sieht aber toll aus! Streckenlängen ähnlich wie beim Zugunterstützungslauf. Gegen den Wind oder sehr leicht bergauf laufen bringt ähnliche Effekte.

Sowohl zugunterstützende Läufe als auch Zugwiderstandsläufe sind hoch effektiv und im Prinzip dem Leistungssport vorbehalten. Vor dem intensiven Einsatz dieser Methoden sollte man alle anderen Trainingsformen ausgeschöpft haben. Einstreuen solcher Trainingsformen ist natürlich erlaubt (Spaßfaktor).

Noch ein Wort zu den Intensitäten. Im Training der maximalen Schnelligkeit spricht man eigentlich nur über zwei Intensitätsstufen: maximal und submaximal, wobei maximal 100 % und submaximal so in etwa 95 % bedeuten.

Im Jahresverlauf werden die Submax.-Läufe in der Vorbereitungsperiode immer stärker durch Max.-Läufe ersetzt. Meist sind es aber Mischformen zwischen Submax.- und Max.-Läufen.

Noch etwas zur Zeitplanung beim Schnelligkeitstraining. Um eine Verbesserung der Schnelligkeit zu erreichen, ist das Einhalten der Pausen unbedingt zu beachten. Wenn man ein Programm von z. B. 70 - 90 - 70 m absolvieren möchte, sind dafür so in etwa 30 Minuten einzuplanen. Eine Nichteinhaltung der Pausenlängen führt zum Nichterreichen der Ziele, zumindest was die Entwicklung der Schnelligkeit betrifft.

Beim Sprinttraining gibt es noch einige methodische Grundsätze, die zu beachten sind:

- Gründliche Erwärmung ist immer vorzuschalten, um muskuläre Verletzungen zu vermeiden.

- Schnelligkeitstraining nur bei optimaler physischer und psychischer Leistungsbereitschaft und -fähigkeit.

- Schnelligkeitstraining am Anfang einer Trainingseinheit.

- Dauer der lokomotorischen Belastung bei maximaler Intensität: nicht wesentlich mehr als 7 Sekunden, egal welche Altersgruppe.

- Zwischen den einzelnen Läufen muss dem Körper ausreichend Zeit zur Regeneration gegeben werden. Eine Faustformel ist: mindestens 1,5 bis 2 Minuten Pause pro 10 m Sprint zwischen den einzelnen Läufen. Laktazide (milchsäurebildende) Beanspruchung ist zu vermeiden, da dann nicht die Schnelligkeit, sondern die Schnelligkeitsausdauer trainiert wird.

- Auf eine saubere Sprinttechnik ist zu achten.

Schnelligkeitsausdauer
(SKA)

Schnelligkeitsausdauertraining (SKA-Training) - manche sagen auch Tempoläufe oder Intervallläufe dazu - sind, im Gegensatz zu Ausdauerläufen und Schnelligkeitsläufen, Läufe unter Sauerstoffschuld, also anaerobe Läufe.

Die wichtigste Grundsatz zuerst:
Im Schülertraining (Grundlagentraining) hat das Schnelligkeits- und Koordinationstraining immer Vorrang, weil man insbesondere diese Fähigkeiten später weniger erfolgreich trainieren kann. Intensives Ausdauertraining führt man erst ab etwa 15 Jahren durch, das dann die Basis für ein anschließendes SKA-Training darstellt.

Mit anderen Worten:
Erst Schnelligkeitstraining, dann Ausdauertraining und dann erst SKA-Training im Verlauf der Leistungsentwicklung vom Schüler zum Jugendlichen.

Hat man den Weg des frühzeitigen SKA- und Ausdauertrainings erst einmal beschritten, wird man später feststellen, dass die Grundschnelligkeit kaum noch zu verbessern ist. Dass dann bereits oft intensive SKA-Training kann kaum noch intensiviert werden und der Athlet steckt in seiner Leistungsentwicklung fest. Und alles nur, weil man den schnellen Erfolg im Schüleralter gesucht hat.

Nicht falsch verstehen: Man kann ein moderates SKA-Training schon einmal in das Schülertraining einbauen, aber man darf sich nicht darauf konzentrieren und es zum ständig wiederholten Trainingsinhalt machen.

Allerdings, und das ist das Verführerische dabei, ein bereits im Schüleralter begonnenes intensives SKA-Training ist sehr effektiv. Man kommt sehr schnell auf die Erfolgsspur und die Laufzeiten insbesondere über 300 m und 800 m werden zusehends besser. Das ist für Trainer sehr verlockend. Der Preis ist, dass dadurch Athleten dann schon in frühen Jahren physisch und psychisch „ausgebrannt" sind. Es fehlt dann oft auch an der maximalen Schnelligkeit, die nach Vollendung des 15. Lebensjahrs sehr viel schwieriger trainierbar ist und oft auch an der allgemeinen Athletik, die bei frühzeitiger Spezialisierung ebenfalls häufig zu kurz kommt. Solch einseitige intensive Belastungen führen dann später oft erst zu Verletzungen und dann zu chronischen Verletzungen oder sogar Schäden.

Wie sieht ein Schnelligkeitsausdauertraining überhaupt aus?

Fangen wir der Einfachheit halber einmal mit einigen typischen Beispielen eines SKA-Trainings an:

- 3 x 3 x 150, n.I., P 3', SP 8' oder
- 2 x 100 - 150 - 100, I3, P 3', SP 10' oder
- 3 x 150, I2, P 12'

So würde ein Trainer es dem Athleten aufschreiben, wobei allerdings die Intensitäten, die hier mit n.I. (niedrige Intensität), I3 und I2 angegeben sind, für den Athleten in Sekunden aufzuschreiben sind.

Aber entschlüsseln wir erst einmal diesen Zahlen- und Buchstabensalat. Was bedeutet:

- 3 x 3 x 150, n.I, P 3' SP 8'

3 x 3	=	Anzahl der Läufe (3) und Serien (3)
150	=	Streckenlänge (in Meter)
n.I.	=	n.I. ist eine Intensitätsstufe
		• **n.I. (niedrige Intensität): 50 - 70 % der Bestleistung**
		• **I3 (Intensität 3): 85 % der Bestleistung**
		• **I2 (Intensität 2): 92 % der Bestleistung**
		• **I1 (Intensität 1): 97 % der Bestleistung**
P 3'	=	Pause zwischen den einzelnen Läufen in Minuten
SP 8'	=	Pause zwischen den Serien in Minuten (Serienpause)

Und wie errechnet man nun diese Intensitäten?

Beispiel:
Der Athlet soll 100 m mit 85 % laufen. Seine Bestzeit beträgt 11,8 s. Rechenweg:
11,8 s : 85 % x 100 = 13,88 s

Er muss die Strecke also in ca. 13,90 s laufen (Handstoppung: ca. 13,7 s).

Bestzeiten ändern sich, sind also durch Tests regelmäßig zu verifizieren.

In einigen Fachbüchern findet man Tempotabellen. Das erspart den ständigen Einsatz des Taschenrechners.

Pausen zwischen den Läufen

Grundsätzlich gilt, dass alle vom Trainer vorgegebenen Zeiten zu laufen sind. Schafft der Athlet das nicht, war die Intensität zu hoch, die Strecke zu lang oder die Pause zu kurz. Ist der Athlet nach dem Programm noch putzmunter, war die Intensität zu gering, die Strecke zu kurz, oder die Pause zu lang. Es kann dann sein, dass die zugrunde gelegten Bestleistungen nicht (mehr) richtig sind. Ist die Belastung zu hoch (d. h. wenn der Athlet nicht alle Läufe nach den Vorgaben laufen kann) wird das Trainingsziel nicht erreicht. Sind die Belastungen zu niedrig, ist der Trainingsreiz zu gering und eine Leistungsverbesserung findet nicht oder nur reduziert statt.

Pausen (Richtwerte):				
n.I.	Pause	2 Minuten	Serienpause	5 Minuten
I3		5 Minuten		10 Minuten
I2		8 Minuten	Wird meist nicht in Serien gelaufen	
I1		10 Minuten	Wird meist nicht in Serien gelaufen	

Grundsätzlich gilt, dass die Pausen länger sind, wenn längere Strecken gelaufen werden. Man kann die Pausenlängen auch über Puls- oder Laktatwerte bestimmen. Diese Pausenlängen sind nicht in Stein gemeißelt, sondern Richtwerte. Sie sollten aber nicht wesentlich unterschritten werden, weil man sonst nicht die entsprechenden Intensitäten laufen kann, und sie sollten nicht wesentlich überschritten werden, weil sonst der Trainingsreiz nicht hoch genug ist.

Diese Pausenvorgaben gelten für das SKA-Training. Die Pausenvorgaben beim Ausdauertraining, Schnelligkeitstraining und Krafttraining sind ein wenig anders und in den entsprechenden Abschnitten nachzulesen.

Streckenlängen

Je nach Disziplin werden Streckenlängen von 80 m bis 400 m gelaufen (Kurzsprinter kürzere Strecken, Langsprinter längere Strecken). Die Streckenlänge ist bei n.I.-Läufen eher lang und nimmt über I3, I2 und I1 ab.

Anzahl der Läufe und Serien

N.I.-Läufe haben Wiederholungszahlen von bis zu 5 und Serien bis zu 3. I3-Läufe haben weniger Serien. I2- und I1-Läufe haben meist nur so um die 4 - 2 Läufe (oft auch mit unterschiedlichen Streckenlängen) und nur eine Serie.

Noch ein Tipp für die, die zum ersten Mal solche Tempoläufe durchführen. Es ist davon auszugehen, dass der Athlet kein Gefühl für das Tempo hat. Der Trainer könnte dem unerfahrenen Athleten Folgendes sagen: „Laufe die einzelnen Strecken des 3 x 3 x 150-Programms so, dass die gelaufenen Zeiten immer möglichst identisch sind." Der Trainer stoppt die Zeiten und bespricht sie dann mit dem Athleten. Nach und nach entwickelt der Athlet dann das Zeitgefühl und der Trainer gewinnt die Erkenntnis, was er seinen Athleten zumuten kann (Pausen, Strecken, Intensitäten).

SKA-Training im Jahresverlauf

In der Vorbereitungsperiode sind n.I.- und I3-Läufe gefordert. Je dichter man an die Wettkampfperiode kommt, geht man über die I2- zu den I1-Läufen über. All das immer dem Trainingszustand des Athleten angepasst.

Immer wichtig ist, dass ein intensives SKA-Training über das Ausdauertraining angebahnt werden muss.

Welche Strecken, wie schnell, wie oft und mit welchen Pausen man in welcher Trainingsperiode laufen sollte, ergibt sich aus den RTPs des DLV.

Wichtig für die Planung ist, dass das Zeitbudget eingehalten werden kann. So ein SKA-Training kann schon einmal 45 Minuten dauern. Und danach ist außer Auslaufen und ein wenig Dehnen auch kein weiterer Trainingsinhalt mehr sinnvoll, weil man schlicht und ergreifend ziemlich erschöpft ist.

Übrigens: Auch Werfer absolvieren in der Vorbereitungsperiode Tempoläufe.

Kraft
(K)

Krafttraining, vor allem im Schüler-und Jugendtraining, wird äußerst kontrovers diskutiert. Hauptsächlich von Leuten, die davon nur ein Teilwissen besitzen.

Warum ist das so?

Ein Bodybuilder macht Krafttraining. Ein Bodybuilder möchte gut definierte Muskeln mit einem großen Muskelquerschnitt haben. Optik ist das Maß der Dinge. Die Optik ist einem Werfer/Springer/Sprinter allerdings ziemlich egal. Er möchte weit werfen, weit springen oder schneller sprinten. Deshalb trainiert er Kraft auch nicht wie ein Bodybuilder.

Ein Skispringer macht Krafttraining. Ein Skispringer möchte einen schnellen, kräftigen Muskel, aber die Muskelmasse dabei nicht erhöhen, denn er muss ja schließlich explosiv vom Schanzentisch abspringen. Ein Werfer möchte zwar auch einen schnellen, kräftigen Muskel, aber auch eine Erhöhung der Muskelmasse ist gewollt. Deshalb trainiert ein Werfer Kraft auch nicht wie ein Skispringer. Ein Hochspringer schon, denn der will ja hoch springen, ohne dabei viel Masse bewegen zu müssen.

Ein Mittelstreckler macht Krafttraining. Ein Mittelstreckler möchte ausdauernde Muskeln ohne Erhöhung der Muskelmasse haben. Ein Athlet in technischen Disziplinen benötigt aber keine ausdauernden Muskeln, sondern kräftige, schnelle Muskeln. Deshalb trainiert er Kraft auch nicht wie ein Mittelstreckler, der im Prinzip nicht Kraft, sondern Kraftausdauer trainiert.

Ein Fitnesssportler macht Krafttraining. Ein Fitnesssportler möchte fit sein. Eine Erhöhung der Muskelmasse möchte er dort erzielen, wo er es für optisch notwendig hält. Er möchte kräftig sein, aber auch ausdauernd – und natürlich fit aussehen. Ein Athlet der technischen Disziplinen möchte natürlich auch fit sein, ausdauernd eher nicht und das Aussehen ist auch eher egal. Er möchte nur schnell und kräftig sein. Deshalb trainiert er Kraft auch nicht wie ein Fitnesssportler.

All diese Athleten beschäftigen sich mit Krafttraining ... und jeder hat völlig andere Ziele. Krafttraining ist also ein sehr allgemeiner Begriff, der, wenn nur oberflächlich betrachtet, natürlich auch sehr kontrovers diskutiert wird.

Wichtig ist daher die Klärung der Frage, was man mit dem Krafttraining bewirken möchte und wie man solch ein Krafttraining durchführt und sinnvoll steuert.

Kein Krafttraining mit Kindern!
Und die Erde ist eine Scheibe!

„Kein Krafttraining mit Kindern". Diese absurde These ist immer wieder zu hören. Dann dürfte ein 2 Monate altes Kind auch nicht versuchen, den Kopf zu heben. Das ist nämlich in dem Alter pures Maximalkrafttraining. Und ein 12-Jähriger darf keinen Liegestütz machen - und schon gar keine zwei!

Das ist kompletter Unsinn. Kinder MÜSSEN Krafttraining machen, aber eben kindgerecht, nämlich mit großen Wiederholungszahlen, wobei die Rumpfkraft Priorität hat. Langhanteltraining sollte man allerdings nicht mit Kindern machen (zumindest nicht in der Leichtathletik), aber man kann die Techniken dafür schon so ab 14 Jahren üben, und zwar mit sehr geringer Last.

Oft hört man auch „Krafttraining mit Kindern, ja natürlich, aber nur mit dem eigenen Körpergewicht!". Schon einmal eine einbeinige Kniebeuge gemacht, einen einarmigen Liegestütz oder einen Klimmzug? Ist alles eigenes Körpergewicht! Und doch für viele junge Athleten gar nicht zu schaffen.

Der Begriff „Krafttraining" bedarf also IMMER der Erklärung. Nur von „Krafttraining" zu sprechen, fällt da viel zu kurz.

Um diesen Begriff etwas zu entzerren, sollte man bei Schülerjahrgängen auch nicht von „Krafttraining" sprechen, sondern von „allgemeiner Athletik". Und genau das ist es, was im Schüleralter trainiert wird.

Da gerade Werfer ab U18 schon relativ hohe Lasten im Bankdrücken, Kniebeugen, Kreuzheben und Reißen bewältigen sollen (laut DLV), müssen schon die 15-Jährigen an solche Belastungen gewöhnt werden. Das geschieht durch hohe Wiederholungszahlen (um die 15 Wiederholungen) bei geringen Lasten. Einerseits, um das Knochenwachstum nicht zu stören. Andererseits müssen Hebetechniken erlernt werden, und das geht nur mit geringen Lasten.

Wenn jemand gegenteiliger Meinung ist, sollte er das Training von Gewichthebern im Schüleralter betrachten. Die Kinder werden da keineswegs geschädigt. Ganz im Gegenteil. Gewichtheben im Schüleralter erfolgt sehr verantwortungsbewusst - auch mit der Langhantel.

Wir Leichtathleten verstehen unter Krafttraining meist Maximalkrafttraining. Maximalkrafttraining bedeutet allerdings nicht, dass wir ständig maximale Lasten bewältigen. Ähnlich wie beim SKA-Training gibt es auch beim Maximalrafttraining Intensitätsstufen.

Um Maximalkrafttraining (Lasten und Intensitäten) sinnvoll einzusetzen, muss das Prinzip des Krafttrainings bekannt sein. Nur dann ist man auch in der Lage, das Training so zu gestalten und zu steuern, dass das Ergebnis auch eintritt, das man sich erhofft.

Grundsätzlich gilt:
Je dicker ein Muskel (d. h. je größer der Muskelquerschnitt), desto größer die theoretische Leistungsfähigkeit. In der Fachliteratur wird dies als Absolutkraft bezeichnet.

Das hieße dann, dass man so trainieren muss, dass sich der Muskelquerschnitt (und damit das Körpergewicht) erhöht. Bei einem Werfer ist das in Ordnung und auch gewollt. Bei einem Hochspringer möchte man zwar auch einen kräftigeren Muskel, aber keinen schwereren Muskel. Man muss das Gewicht ja irgendwie über die Latte zaubern. Wäre dann schwieriger, wenn man an Gewicht zulegt.

Für beide Athleten gibt es eine Lösung.

Hypertrophietraining
(Vergrößerung des Muskelquerschnitts oder Muskelaufbautraining)

Man trainiert mit einer Wiederholungszahl von 8 - 12 bei einer Intensität von 60-80 % der Bestleistung. Dabei ist die Last eher langsam (Bodybuilding) zu bewegen. Diese 8 - 12 Wiederholungen werden als Satz bezeichnet. 3 - 5 Sätze sollten absolviert werden. Pause zwischen den Sätzen: ca. 3 - 6 Minuten.

Ergebnisse sind schon nach wenigen Wochen sichtbar (zumindest bei den männlichen Athleten), sofern man solch ein Training 2x/Woche durchführt. Der Muskel wächst und wird dadurch leistungsfähiger – theoretisch und auch praktisch. Wir Trainer bezeichnen solch ein Training als Hypertrophietraining. Ein Bodybuilder trainiert so … er möchte ja schließlich auch Muskeln mit größerem Querschnitt.

Für Athleten, die einen kräftigeren aber nicht schwereren Muskel benötigen, gibt es eine andere Lösung:

IK-Training
(Intramuskuläres Koordinationstraining)

Wir wissen, dass ein Muskel aus einer Vielzahl an Muskelfasern besteht. Um die maximale Leistung zu erzielen, muss sichergestellt sein, dass so viele Fasern wie nur irgendwie möglich an einer Bewegung (z. B. dem Ausstoßen der Kugel oder dem

Absprung) beteiligt sind. Diese Koordination innerhalb des Muskels (das Ansprechen der Muskelfasern) bezeichnen wir als intramuskuläre Koordination (IK) oder als Nutzbarmachung des Muskels. Dazu wird das IK-Krafttraining angewendet, das sich vom Hypertrophietraining grundsätzlich unterscheidet.

Man arbeitet beim IK-Training mit geringerer Wiederholungszahl, dafür aber mit höherer Intensität. Beispiel: 1 - 5 Wiederholungen, ca. 4 Sätze, Last zwischen 85 - 100 %.

Ein großer Muskelquerschnitt führt nicht zwangsweise zu einer Verbesserung der sportlichen Leistung. Theoretisch ja, aber das Potential muss durch daran anschließendes IK-Training nutzbar gemacht werden.

In Disziplinen, in denen ein Muskelzuwachs also eher nicht erstrebenswert ist (z. B. Sprungdisziplinen), weil dieses Mehr an Körpergewicht ja auch bewegt werden muss, kommt überwiegend das IK-Training zum Einsatz. Bei einem Werfer, bei dem ein Mehr an Körpergewicht eher positiv ist, wird demzufolge das Hypertrophietraining UND das IK-Training eingesetzt.

Nachfolgend das grundlegende Prinzip in Form einer vereinfachten Tabelle.

Zielgruppe	Fitnesssportler/ Ausdauerathleten	Bodybuilder	Technische Disziplinen
Methode	Kraftausdauer	Hypertrophie (Muskelaufbau)	Intramuskuläre Koordination (IK-Training)
Wiederholungen	20 – 50	8 – 12	1 – 5
Umfang	2 – 4 Sätze	3 – 5 Sätze	5 - 8 Sätze
Pausen	max. 1 Min	3 - 6 Min	3 – 6 Min
Intensität	30 – 50 %	60 – 80 %	85 – 100 %
Tempo	zügig	langsam	zügig
Trainingshäufigkeit (der Muskelgruppen)	2 – 3 / Woche	2 – 4 / Woche	1 – 3 / Woche
Ergebnis	Fitness	starke Zunahme der Muskelmasse	Verbesserte Nutzbarmachung der Muskelmasse

Gewöhnungstraining

Als Anfänger im Maximalkrafttraining (also meist im letzten Schülerjahr) beginnt man mit dem Training der Kraftausdauer (ca. 15 Wiederholungen). Hauptaugenmerk ist die Technik. Die Athleten müssen mit leichten Gewichten eine saubere Hebetechnik erlernen.

Erst nachdem sich die Knochen, Gelenke, Bänder und Sehnen an das Krafttraining gewöhnt haben (das ist frühestens nach ca. 6 Monaten der Fall), kann mit dem Hypertrophietraining und/oder dem IK-Training begonnen werden, wobei die Intensitäten zuerst noch gering sind, um die Gelenke nicht zu schädigen.

Wichtig ist, dass solch ein Krafttraining erst dann begonnen wird, wenn der Athlet dazu auch körperlich in der Lage ist. Hat der Athlet instabile Füße oder Knie, eine unzureichende Körperstabilität, Haltungsschäden etc., darf kein Maximalkrafttraining durchgeführt werden. Solche Unzulänglichkeiten sind zuerst durch eine Verbesserung der allgemeinen Athletik zu beseitigen.

Wenn das nicht berücksichtigt wird, sind Schäden (irreparable Verletzungen) nicht auszuschließen. Maximalkrafttraining erfordert also Vorbereitung.

Die **Herangehensweise** für Anfänger, die zum überdurchschnittlich guten Athleten avancieren möchten und dazu Maximalkrafttraining absolvieren müssen, ist immer gleich: **von hohen Wiederholungszahlen mit vergleichsweise geringen Gewichten hin zum Muskelaufbau und/oder dem IK-Training mit den entsprechenden Intensitäten.**

Um das Krafttraining optimal für unser Ziel einzusetzen, nämlich bessere Wettkampfleistungen zu erzielen, müssen wir das Krafttraining steuern. Mit anderen Worten: Man trainiert nicht das ganze Jahr über mit einer gleichbleibenden Intensität und Wiederholungszahl (linear). Nach einer Periode des linearen Trainings von etwa einem Jahr beginnt man mit der Periodisierung des Krafttrainings.

Ein zu früher Einsatz von hohen Gewichten oder schlampige Technik bei Übungen mit der Langhantel kann zu Schäden an den Gelenken führen. Ebenso ist einseitiges Krafttraining zu vermeiden, damit keine Dysbalancen entstehen. Daher sollen beim Maximalkrafttraining auch die entsprechenden Antagonisten trainiert werden.

Ganz grob ausgedrückt: In der Vorbereitung zur Saison, die schon in den Herbstmonaten beginnt, arbeiten wir zuerst im umfangsbetonten allgemeinen Bereich, später dann im Hypertrophiebereich und dann, je näher die

Wettkampfsaison kommt, im IK-Bereich. Natürlich immer mit Blick auf die jeweilige Disziplin, dem Trainingsstand des Athleten etc. etc.

Wann und wie genau der Wechsel vom Hypertrophie- zum IK-Training erfolgt, ist sehr individuell. Es gibt da sehr unterschiedliche Möglichkeiten, z. B.: der Übergang kann fließend erfolgen, es kann treppenförmig trainiert werden (Beispiel: 1. Satz 10, 2. Satz 6, 3. Satz 4, 4. Satz 2 Wiederholungen - natürlich immer mit höherer Last), es gibt Wochen mit Kraftspitzen etc. etc. Jeder Trainer hat da sein eigenes Konzept.

Nicht jeder Athlet reagiert auf ein Krafttraining gleich, der eine Athlet legt sehr schnell zu, der andere weniger schnell, der eine später, der andere früher.

Männer reagieren auf Krafttraining intensiver als Frauen und werden auch etwas anders trainiert (Frauen mit höheren Wiederholungszahlen und geringeren Intensitäten als Männer).

Auch bei den Wiederholungen, Sätzen und Serien gibt es keine Pauschalisierung, was nun ganz genau besser oder weniger gut ist. Die angegebenen Werte sind typische Beispiele, können aber für den einzelnen Athleten leicht anders sein. Das Prinzip bleibt gleich, aber ob man nun mit 80 % oder nur 70 % trainiert, wird individuell gehandhabt.

Das Maximalkrafttraining der Leichtathleten erfolgt meist mit der Langhantel. Zentrale Übungen sind:

- **Kniebeugen**
- **Bankdrücken**
- **Kreuzheben**
- **Umsetzen**
- **Reißen und natürlich**
- **spezielle disziplinspezifische Übungen.**

Die Leistungen in diesen Übungen sind für viele technische Disziplinen leistungsbestimmend. Ein Verzicht auf diese Übungen oder nur geringe Umfänge und Intensitäten ist gerade für Werfer undenkbar. Das wäre so, als ob ein Langstreckler auf das Ausdauertraining verzichten würde.

Natürlich gibt es eine Unzahl verschiedener Übungen, insbesondere an den vielen Kraftmaschinen. All diese Übungen fallen aber meist in das Training der allgemeinen Athletik und ersetzen nicht die Kniebeugen, das Bankdrücken oder das Reißen.

Und nicht das wir uns falsch verstehen: Das allgemeine Krafttraining (allgemeine Athletik), zum Beispiel Stabilisationsübungen, Kraftzirkel oder auch das Krafttraining an Geräten, bleibt ein fester Bestandteil des Trainings.

Damit ein Maximalkrafttraining Wirkung zeigt, sind die entsprechenden Muskelgruppen 2x/Woche zu trainieren. Idealerweise nicht an 2 Tagen hintereinander, sondern mit 2-3 Tagen Pause dazwischen. Ein Krafttraining, das 1x/Woche durchgeführt wird, zeigt kaum Wirkung. Ein dreimaliges Krafttraining pro Woche ist für uns Leichtathleten aus Zeitgründen (es sind ja auch noch die anderen HTM abzuarbeiten) kaum durchführbar. Eine Ausnahme sind die Werfer.

Die effektivste Langhantelübung ist das Reißen. Gerade in den ersten Monaten geht es dabei aber nicht um das zur Hochstrecke gebrachte Gewicht, sondern um die richtige technische Ausführung. Das richtige Reißen ist nicht von jetzt auf gleich erlernbar, das dauert ...

Dehnen vor dem Krafttraining ja, aber nicht nur haltend, sondern zunehmend intermittierend (wippend). Direkt nach dem Krafttraining auf keinen Fall haltend dehnen. Im Zweifelsfall eher gar nicht.
Am Ende des Krafttrainings sind die trainierten Muskelgruppen noch einige Male schnell zu bewegen. Man nennt das Utilisieren.
Beispiel: nach dem Bankdrücken ca. 10 Medballwürfe; nach Kniebeugen 2 x 3 Steigerungsläufe oder Sprünge.

Insgesamt betrachtet, ist das Maximalkrafttraining weitaus komplexer und differenzierter. Welche Methoden und Pläne sowie Umfänge und Intensitäten schlussendlich angewendet werden, ist immer abhängig davon, für welche Disziplinen trainiert wird, auf welchem Niveau der Athlet steht und was man mit dem Krafttraining erreichen will.

Noch etwas zu den Intensitäten. Wenn ein Athlet mit 70 % der Maximallast trainieren möchte, muss er natürlich wissen, wie hoch diese Maximallast ist. Das kann man testen. Gerade bei jugendlichen Anfängern sollte man aber gerade das nicht machen. Die alternative Herangehensweise wäre wie folgt:

Der Athlet soll 3 x 10 Wiederholungen Bankdrücken mit 70 % machen, kennt aber seine Maximallast nicht. Der Trainer legt eine Last auf die Hantelstange und sagt dem Athleten, dass er sie 10x zur Hochstrecke bringen soll. Schafft er das nicht, war die Last zu hoch. Könnte er davon auch 20 Wiederholungen machen, war die Last nicht hoch genug. Man muss sich nun an die Maximallast „herantasten", so dass der Athlet schließlich 3 x 10 Wiederholungen schafft - aber eben nicht signifikant mehr.

Sprünge allgemein
(Spr)

Sprünge, welcher Art auch immer, sollten in keinem Leichtathletiktraining fehlen.

Wir unterscheiden dabei:

- **kleine Sprünge**
- **horizontale Sprünge**
- **einbeinige Sprünge**
- **Tiefsprünge**

- **reaktive Sprünge**
- **vertikale Sprünge**
- **beidbeinige Sprünge**
- **Techniksprünge**

Kleine Sprünge sind schon in der Kinderleichtathletik Gegenstand des Trainings. Das erfolgt zum Beispiel durch Seilsprünge, Hopserlauf, Treppensprünge, Prellhopser etc.

Zielsetzung bei den kleinen Sprüngen ist dabei die Gewöhnung an Sprungbelastungen und die Anpassung der Muskulatur, der Sehnen und des Knochengerüsts an Belastungen. Nur durch sehr oft wiederholte kleine Belastungen entwickelt sich der Körper und verträgt in den späteren Jahren höhere Belastungen ohne Verletzungen.

Auch im Leistungstraining haben kleine Sprünge eine hohe Bedeutung und sind immer Gegenstand des Trainings. Da sind Belastungen von 300 Sprüngen nicht andeutungsweise zu viel (z. B. 300 kleine Sprünge mit dem Sprungseil).

Bei reaktiven Sprüngen geht es darum, dass aus der Bewegung heraus ein maximaler Sprung erfolgt und dabei die Bodenkontaktzeit möglichst kurz ist. Kurze Bodenkontaktzeiten sind Voraussetzung für hohe bzw. weite Sprünge und essentielle Voraussetzung für schnelle Sprintzeiten.

Bei reaktiven Sprüngen aus einer erhöhten Position ist darauf zu achten, dass sie nicht aus großer Höhe erfolgen. Ein Kastenoberteil wäre da richtig, ein kleiner Kasten schon zu hoch. Aus großen Höhen können Sprünge nicht wirklich reaktiv erfolgen.

Horizontale Sprünge sind die unterschiedlichen Formen des Sprunglaufs und des Hopserlaufs.

Wichtig zu wissen ist, dass bei Hopserläufen die Bodenkontaktzeit immer relativ lang ist. Daher werden Hopserläufe eher in der Koordination (mit Zusatzaufgaben) und zur Erwärmung genutzt. Weniger im reinen Sprungtraining.

Weiterhin wichtig zu wissen ist, dass Sprungläufe hoch belastend sind. Im Schüler-training werden Sprungläufe daher auch nicht intensiv verfolgt. Wichtige Voraus-setzung dafür sind stabile Füße. Mit „weichen", nicht belastbaren Füßen intensive Sprungläufe zu absolvieren, grenzt schon an Körperverletzung. Um etwas Belastung herauszunehmen, sind in der Anfangsphase Sprungläufe ohne Anlauf (also aus dem Stand) auf weichem Untergrund und nicht in Spikes auszuführen.

Sprungbelastungen - gerade bei Sprungläufen - müssen monatelang durch kleine Sprünge und Fußkräftigungsübungen und auch technisch vorbereitet werden. Überbelastungen können hier zu Schäden führen.

Vertikale Sprünge sind Sprünge über Hürden, kleine Kästen etc.

Im Gegensatz zu den horizontalen Sprüngen geht es dabei um die Sprunghöhe und nicht um die Sprungweite. Im Allgemeinen werden dazu 3 - 5 Hürden beidbeinig oder auch einbeinig übersprungen. Der Trainer muss darauf achten, dass das nicht zu einem Mächtigkeitsspringen ausartet und der Athlet sich nach der Landung nicht immer erst wieder sammeln muss (meist durch einen kleinen Zwischensprung), um die nächste Hürde zu überwinden. Die Höhe und der Abstand der Hürden unterein-ander ist immer so zu wählen, dass der Athlet die Hürden flüssig und schnell (möglichst kurze Bodenkontaktzeiten) überspringen kann. Anderenfalls kann es, ähnlich wie bei den Tiefsprüngen, zur Überlastung und schließlich zu Schäden kommen. Auch vertikale Sprünge sind hochbelastend und über Monate mit kleinen Sprüngen vorzubereiten.

Im Gegensatz zu den kleinen Sprüngen, von denen ohne Schwierigkeiten mehr als 300 während einer Trainingseinheit absolviert werden können, ist die Anzahl der horizontalen und vertikalen Sprünge („große" Sprünge) erheblich geringer. Die Zahl der Sprünge übertrifft die Zahl 50 (je nach Belastungsform) eher mal selten, und dann auch nur bei leistungsmäßig starken und erfahrenen Athleten.

Horizontalsprünge werden einbeinig gesprungen. Vertikalsprünge sowohl ein- als auch beidbeinig.

Einbeinige Sprünge sind wesentlich belastender als beidbeinige Sprünge und werden im Kinder- und Schülertraining nicht intensiv angewendet.

Hopser auf einem Bein werden trainingsmethodisch NICHT als Einbeinsprünge betrachtet. Richtige Einbeinsprünge werden erst im Jugendalter eingesetzt und dann auch nur, wenn der Athlet die Sprünge im Fuß stehen kann.

Kommen wir zum Schluss noch zu den Tiefsprüngen. Dabei handelt es sich um Niedersprünge mit einer Falltiefe von mehr oder weniger 1 Meter.

Ziel ist der Aufsprung auf den nächsten Kasten, der ebenso hoch ist, mit möglichst kurzer Bodenreaktionszeit. Tiefsprünge sind dem Hochleistungssport vorbehalten, da solche Sprünge extrem belastend sind und ohne Vorbereitung ziemlich sicher zu Verletzungen und Schäden führen, wenn sie in hoher Anzahl und wiederholt gemacht werden.

Abschließend ist zu sagen, dass Anfänger fast nur kleine Sprünge machen sollten. Einerseits, um übermäßige Belastungen zu vermeiden, andererseits, um Sprünge als solche konditionell und technisch vorzubereiten. Erst mit zunehmendem Trainingsalter kommen die anderen Sprungformen hinzu, wobei die Gesundheit der Athleten immer Vorrang hat.

Ein Sprungtraining muss auch nicht immer starr diesen Sprungformen folgen. Es gibt verschiedene Mischformen, die in der Praxis sehr häufig anzutreffen sind. Gemischte horizontale und vertikale, einbeinige und beidbeinige Sprünge in einer Übungsfolge stellen Anforderungen an die Koordination (Sprungkoordination), die ebenfalls Trainingsinhalt ist.

Sprünge in der Zieltechnik wie Hoch- oder Weitsprünge gehören nicht zu den allgemeinen Sprüngen, sondern sind dem Bereich Technik zuzuordnen. Auch dann nicht, wenn aus verkürztem Anlauf gesprungen wird und immer wenn das Hauptaugenmerk eindeutig die Technik ist. Techniksprünge sind natürlich bei der Belastungsplanung als Sprünge einzuordnen.

Würfe
(Wü)

Im Grundlagentraining sind Würfe Pflicht, egal ob es sich um spätere Werfer oder um spätere Mittelstreckler handelt. Würfe haben etwas mit Koordination und Schnellkraft zu tun. Beides Dinge, die im Grundlagentraining Priorität haben.

Und Werfen bedeutet nicht zwangsweise, dass man die Kugel stößt oder den Diskus wirft. Allgemein geht es darum, die verschiedenen Wurfarten kennenzulernen, die dann mit den unterschiedlichsten Geräten geübt werden.

Es gibt den
- **den Schlagwurf**
- **den Drehwurf und das**
- **Kugelstoßen**

in den Disziplinen Kugelstoßen, Speerwurf, Diskuswurf und Hammerwurf.

Dementsprechend groß ist die Vielfalt, die Gegenstand im Grundlagentraining ist.

Später dann, im Jugendtraining, wenn schon direkt für Disziplinen trainiert wird, ist das Wurftraining für Werfer natürlich ein zentrales Haupttrainingsmittel. Aber auch Sprinter, Springer und Läufer dürfen mal zum Medizinball greifen, vor allem in der Vorbereitungsperiode.

Außerhalb des Grundlagentrainings (vielfältiges Werfen) unterhalten wir uns über
- **allgemeine Würfe (Wurf-ABC mit dem Medball)**
- **spezielle Würfe (Würfe, die der Zieltechnik der Disziplin sehr nahe kommen)**
- **Würfe mit Wettkampfgewicht**
- **Würfe mit Geräten leichter als Wettkampfgewicht**
- **Würfe mit Geräten schwerer als Wettkampfgewicht**
- **Würfe aus dem Stand**
- **Würfe mit kurzem Beschleunigungsweg**
- **Technikwürfe**

Alles nach dem Motto „Wer weit werfen will, muss auch oft werfen!". Das gilt beim Springen oder Laufen analog.

Die Anzahl der allgemeinen Würfe innerhalb eines Trainings kann sehr hoch sein. 100 Würfe in 20 Minuten sind da ohne weiteres möglich. Die Anzahl der speziellen Würfe und Technikwürfe ist da schon deutlich geringer. Da sind es meist nicht mehr als 20.

Würfe im Jahresverlauf

Hohe Anzahl von allgemeinen Würfen (Medball) in der Vorbereitungsphase. Abnehmende Anzahl von allgemeinen Würfen und Zunahme der speziellen Würfe bis in die Wettkampfphase.

Allgemeine Würfe sind die Würfe aus dem Wurf-ABC (schocken vorwärts, rückwärts, seitwärts, Stöße rechts und links an die Wand und nach oben, Nackenstöße, Prellwürfe, Einwürfe etc.), von denen ein Werfer (U18/20) in einer Trainingseinheit durchaus 150 machen kann.

Diese Würfe sollten in 8er- bis10er-Wiederholungen ohne besondere Pause zwischen den einzelnen Würfen absolviert werden. Pause von jeweils ca. 2 - 3 Minuten zwischen den einzelnen Sätzen.

Der Trainer sollte darauf achten, dass diese allgemeinen Würfe dynamisch ausgeführt werden.
„Wattebäuschchenwürfe" sind zu unterbinden.
Die Würfe sollen eher in Richtung „Abrissbirne" gehen.

Nichtwerfer und Schüler absolvieren so um die 80 Würfe in einer Trainingseinheit.

Allgemeine Würfe sind auch in der Wettkampfphase einzustreuen (zum Beispiel in der Aufwärmphase).

Würfe mit Geräten leichter als Wettkampfgewicht werden eingesetzt, wenn dynamische schnellere Bewegungen trainiert werden sollen.

Würfe mit Geräten schwerer als Wettkampfgewicht werden eingesetzt, wenn die Wurfkraft trainiert werden soll.

Technik
(T)

Unter Techniktraining sind Bewegungsabläufe zu verstehen, die der Zieltechnik sehr nahe kommen oder der Zieltechnik entsprechen. Beim Techniktraining kommt es nicht darauf an, möglichst viele Sprünge oder Würfe in der Zieltechnik zu absolvieren, sondern darum, dass die Zieltechnik verbessert wird. Das bedeutet, dass man im Training z. B. keine 20 Weitsprünge oder 20 Speerwürfe aus dem vollen Anlauf macht, sondern eher sogar weniger als 10. Möchte man mehr Sprünge/Würfe machen, sollte man den Anlauf verkürzen, um die Regenerationszeiten kürzer zu halten.

Techniktraining erfolgt immer im ausgeruhten, nicht ermüdeten Zustand.

Zwischen den Würfen, Sprüngen und Sprints ist daher immer auf ausreichend Pause (Regeneration) zu achten. Daher ist Techniktraining auch meist ziemlich zeitaufwendig. So benötigt man zum Beispiel für 6 Sprünge aus vollem Anlauf ein Zeitfenster von fast 30 Minuten. Um in einer Trainingseinheit mehr Sprünge / Würfe realisieren zu können, müssten, wie schon erwähnt, die Anläufe verkürzt werden.

Um mehr in der Zieltechnik arbeiten zu können, sind Imitationen ein sehr wichtiges Trainingsmittel. Bei Imitationen werden die Bewegungsabläufe imitiert, entweder ein Absprung ohne Anlauf, ein Wurf ohne Gerät bis in die Wurfauslage oder einfach nur eine Teilbewegung. Auf diese Art werden Bewegungsabläufe geschult und optimiert. Vorteil: man kann viele Zieltechnikbewegungen durchführen, ohne dass der Athlet ermüdet. Ein Imitationstraining wird dem Techniktraining daher auch sehr oft vorgeschaltet.

So in etwa 10 Minuten Imitationsübungen vor dem eigentlichen Techniktraining sind immer sinnvoll.

Fazit:

Das wären nun disziplinübergreifend die HTM, die bei der Planung zu berücksichtigen sind. Ob und wann diese HTM zu trainieren sind, hängt von der Disziplin und der entsprechenden Trainingsperiode ab. Umfänge und Intensitäten stehen stark in Abhängigkeit zum Trainingsalter und Leistungsniveau des Athleten.

Ist doch eigentlich unmöglich, alle erforderlichen HTM in 4 Trainingseinheiten/Woche unterzubringen, oder? Wie bekommt man das hin?

Mit einem Plan!
Einen Athleten so zu formen, dass er optimale, seinem Talent entsprechende Ergebnisse erzielt, braucht ein jahrelanges gut gesteuertes intelligentes Training.

Wichtig ist: IMMER sind zuerst die Grundlagen zu trainieren.

In den Anfängen (meist als Schüler) haben Schnelligkeit, Koordination, allgemeine Athletik und vor allem die Vielseitigkeit IMMER Vorrang. Werden dabei ausgezeichnete Wettkampfergebnisse erzielt, ist das eher ein „Betriebsunfall". Niemals sollte ein Trainer schon im Schüler- aber auch Jugendalter das Wettkampfergebnis als das alleinige Ziel betrachten und verfolgen.

Ziel ist es, den Schüler und dann Jugendlichen auf ein anschließendes (Hoch)leistungstraining vorzubereiten.

Einen 15-jährigen Schüler intensiv im Bankdrücken zu trainieren, damit er schon als 16-Jähriger die Kugel möglichst weit stößt, ist bedenklich, vielleicht auch kurzsichtig und dumm. Da gibt es allerdings auch andere Meinungen.

Die Gesundheit des Athleten hat IMMER Priorität. Diese Priorität ist deutlich höher anzusiedeln als die mögliche Leistung oder ein möglicher Titel. Ein Trainer sollte immer verantwortungsbewusst handeln.

In der Kinderleichtathletik und ganz besonders in der Schülerleichtathletik werden Grundlagen vermittelt, auf die nicht verzichtet werden kann.

Verzichten sollte man jedoch auf ein spezifisches Leistungstraining im Schüleralter.

Auf den nachfolgenden Seiten geht es nun darum, einen Trainingsplan zu erstellen, bei dem alle erforderlichen HTM entsprechend berücksichtigt sind.

Allgemeines zur Planung

Planung? Für wen?

Ist ein Athlet in einem Alter von etwa ab 15 Jahren nicht willens, anfänglich 3x/Woche und im weiteren Verlauf 4 - 5x/Woche zu trainieren, benötigt man nicht wirklich einen individuellen Trainingsplan. Da reicht eine Gruppenplanung. Solche Athleten trainieren überwiegend im Kielwasser von anderen Athleten, meist mit abgespeckten Umfängen und Intensitäten. Die Wettkampferfolge dieser Aktiven werden überschaubar bleiben.

Auch Athleten die in den Ferien und an Feiertagen eben Ferien oder Feiertag haben, werden Erfolge haben, die überschaubar bleiben. Eine Teilnahme an Deutschen Meisterschaften wäre da der pure Zufall. Aber auch Vereinen, die zu diesen Zeiten kein Training anbieten, ist der Leistungssportgedanke fern.

Für solche Athleten, die trainieren, wenn sie Zeit haben, bleibt das Training auf Einlaufen, Dehnen, Stabis, Koordination, kleine Sprünge, ein paar Würfe und ein wenig Techniktraining - so in etwa in dieser Reihenfolge - beschränkt. Beträgt die Trainingszeit dann auch nur jeweils 90 Minuten, ist Wettkampfleichtathletik nur auf unterem Niveau möglich.

Wenn sich ein talentierter Athlet gegen den Leistungssport entscheidet und somit keinen individuellen Trainingsplan benötigt, muss der Trainer das letztendlich akzeptieren. Damit ist der Athlet nicht minderwertig, sondern nur jemand, der keinen Leistungssport treiben möchte. Das muss der Trainer dann akzeptieren.

Mit anderen Worten:
Wer ausschließlich nichtambitionierte Athleten hat, die in den Ferien und an Feiertagen ohnehin nicht trainieren und die bei jeder Gelegenheit das Training ausfallen lassen, braucht sich über individuelle Trainingsplanung keine großen Gedanken zu machen. Bei Athleten, die offensichtlich Talent besitzen, muss sich der Trainer, sofern er denn ambitioniert ist, die Frage stellen, ob der Athlet es für erstrebenswert hält, überdurchschnittlich gute Leistungen zu erbringen und er sich vielleicht einmal für die Deutschen Meisterschaften qualifizieren möchte, ja vielleicht sogar aufs Treppchen kommen möchte.

Wenn der junge Athlet offensichtlich ein großes Interesse daran hat, eine Leichtathletikkarriere einzuschlagen und auch das nötige Talent mitbringt, dämmert es dem Trainer spätestens dann, dass er einen Plan benötigt.

Einen Athleten auf ein späteres Leistungstraining sowohl physisch als auch psychisch vorzubereiten, beginnt schon im frühen Schüleralter. Das ist dann auch eine der wesentlichen Aufgaben eines Trainers.

Trainingsplanung in der Kinderleichtathletik

In den Altersgruppen 7 - 11 Jahre wird Kinderleichtathletik betrieben, was aber nicht Gegenstand dieses Buches ist. Trotzdem einige Worte dazu: Trainiert werden sollen Laufen, Werfen und Springen in überwiegend spielerischer Form. Richtige Wettkampfleichtathletik in genormten Disziplinen ist untergeordnet und alternative Wettkämpfe bestimmen die Kinderleichtathletik. Dass in einigen Verbänden nichtsdestotrotz Meisterschaften in diesen Altersklassen durchgeführt und sogar Bestenlisten geführt werden, ist nicht sinnvoll, aber wohl unausrottbar.

Vorrang hat immer die Vielseitigkeit, die Koordination und die Schnelligkeitsentwicklung sowohl im Training als auch im Wettkampf.

Techniken werden nur in der Grobform gelehrt. Spaß an der Freude und die Heranführung an die Schülerleichtathletik ist das Ziel. Und wenn dann noch zwei Mal pro Woche trainiert wird, ist alles gut.

Hier jetzt ein Vorschlag zu einem groben RTP für diese Altersgruppe: Stellen wir uns vor, in dieser Gruppe umfasst das Training 2 x 90 (= 180) Minuten pro Woche. Würde man diese 180 Minuten in Prozente/Haupttrainingsmittel aufteilen, dann könnte die Verteilung der Haupttrainingsmittel wie folgt aussehen:

180 Minuten pro Woche = 100 %, davon

25 % Koordination	=	45'
25 % Technik	=	45'
20 % Schnelligkeit	=	36'
10 % Kraft	=	18'
10 % Ausdauer	=	18'
10 % Turnen	=	18'
	=	180 Minuten

Das kann natürlich immer etwas variieren. Schon deshalb, weil im Winter meist Hallentraining und im Sommer das Training meist auf dem Platz stattfindet. Auch die Zeit für das Ankommen und Verabschieden etc. ist hier nicht berücksichtigt.

Die Trainingsinhalte sind so zu wählen, dass nicht direkt in den Disziplinen trainiert wird. Alles sollte überwiegend spielerisch erfolgen und zwar wechselweise Laufen, Werfen und Springen.

Spaß an der Freude und Bewegung ist das Motto. Die Darstellung von Leistungen in standardisierten Wettkämpfen ist nicht das Ziel in dieser Altersgruppe.

Trainingsplanung in der Schülerleichtathletik

In den Altersgruppen 12 - 15 Jahre wird Schülerleichtathletik betrieben, die ebenfalls nicht Gegenstand dieses Buches ist. Trotzdem auch hierzu einige Worte zu den Inhalten des Trainings.

Die spielerische Leichtathletik der Kinderleichtathletik nimmt zusehends ab. Koordination und Schnelligkeit haben weiterhin die höchste Priorität. Auch in der Schülerleichtathletik gilt das Prinzip der Vielseitigkeit. Der Blockwettkampf hat Priorität und der Hürdensprint nimmt dabei eine besonders wichtige Position ein.

Auch wenn es schon für M/W15 Deutsche Einzelmeisterschaften gibt, wird der verantwortungsbewusste Trainer seine Athleten nicht speziell darauf trainieren. Intensives Krafttraining, Ausdauertraining oder Schnelligkeitsausdauertraining sind nicht Gegenstand der Schülerleichtathletik. Anbahnen ja, intensivieren nein. Und periodisiert wird auch nicht. Deutscher Schülermeister zu werden, ist dann auch eher ein „Betriebsunfall" und nicht das Ergebnis von intensivem Training, sondern von vorhandenem Talent.

Deutscher Schülermeister zu sein ist schön, aber wir finden diese Athleten selten im Leistungsbereich der Männer und Frauen wieder. Leider. Es kann also nicht das Bestreben sein, den talentierten Schüler im konditionellen Bereich speziell für diese Meisterschaften vorzubereiten.

Die Trainingsinhalte der Kinderleichtathletik in Prozent bleiben auch in der Schüler-leichtathletik so in etwa bestehen, auch wenn der Aufwand für die spezielle disziplin-gebundene Koordination und das Techniktraining zunimmt. Statt zwei Mal pro Woche wird in den letzten beiden Schülerjahren erst drei, dann vielleicht schon 4x/Woche trainiert.

Ab etwa 14 Jahre können Neigungen zu Einzeldisziplinen intensiver berücksichtigt werden, ohne dabei die Vielseitigkeit außer Acht zu lassen.

Die Trainingsplanung erfolgt meist nicht individuell, sondern für die Gruppe. Mit anderen Worten: Die Wettkampfleistung steht hier nicht im Vordergrund, sondern die Anbahnung für das auf das Grundlagentraining folgende Aufbautraining.

Belastungsfähigkeit

Eine wesentliche Forderung an das Grundlagentraining ist die Anbahnung der Belastungsfähigkeit. Man kann zum Beispiel nicht von jetzt auf gleich mit einem belastungsintensivem Langhanteltraining beginnen, nur weil es in den RTPs des DLV für Jugendliche so vorgeschrieben wird, aber im DLV-Grundlagentraining noch nicht einmal erwähnt ist. Ebenso wenig kann man mit intensivem Schnelligkeitsausdauer-training beginnen, wenn die Grundlagen (hier die Ausdauer) nicht vorhanden sind.

Alles braucht seine Vorbereitung.
Wir sprechen da vom Prinzip der allmählichen Belastungserhöhung.

Des Weiteren kommt ein ganz wesentlicher Aspekt hinzu. Ist der Athlet frei von Dysbalancen, Fehlstellungen, chronischen Krankheiten etc.?

Es ist geradezu verwerflich, mit einem Athleten ein intensives Sprungtraining durchzuführen, der zum Beispiel eine extreme X-Bein-Stellung hat. Auch kann man keinen Athleten mit ausgeprägtem Senkfuß in ein intensives Ausdauertraining schicken. Auch jede Art von Einseitigkeit, ob es nun Lauftraining oder immer nur bestimmte Übungen des Krafttrainings sind, muss abgelehnt werden. Hier sind Verletzungen mit anschließendem Schaden schon fast vorhersehbar.

Bevor überhaupt ein intensives Training erfolgt, für das ein Trainingsplan erforderlich ist, muss der Trainer möglichst sicher sein, dass der Athlet dieses Training gesundheitlich, ohne Schäden davonzutragen, durchstehen kann.

Die Gesundheit des Athleten sollte immer Priorität haben. Wenn man dem Athleten durch das Training wissentlich einen Schaden zufügt, weil man zu früh zu hohe Intensitäten oder verletzungsträchtige Übungen ansetzt, ist das nicht verzeihbar. Der Trainer sollte erkennen können, ob ein Athlet körperlich überhaupt für ein hoch intensives Training geeignet ist. Ist er das (noch) nicht oder teilweise (noch) nicht, ist das in der Planung zu berücksichtigen.

Ein Leistungstraining ist immer durch ein mehrjähriges Grundlagentraining vorzubereiten.

Das Trainingsjahr (Begrifflichkeiten)

In der Theorie und auch in der Praxis unterteilt sich das Trainingsjahr ab den Jugendjahrgängen in die Vorbereitungs-, Wettkampf- und Übergangsperiode. Konzentriert man sich **auf <u>eine</u> Wettkampfperiode** im Jahr, so verfolgt man die **Einfachperiodisierung. Bei der Doppelperiodisierung sind <u>zwei</u> Saisonhöhepunkte vorgesehen (Hallensaison und Bahnsaison)**. Bei der Doppelperiodisierung sind dann die einzelnen Perioden entsprechend kürzer, wiederholen sich dann aber. **Bei der Einfachperiodisierung wird das Trainingsjahr wie folgt unterteilt:**

Wochen 43 - 1	**Vorbereitungsperiode I (VPI)**
	Wochen 43 - 48 1. Mesozyklus von 6 Wochen
	Wochen 49 - 1 2. Mesozyklus von 6 Wochen
Wochen 2 - 9	**Vorbereitungsperiode II (VPII)**
	Wochen 2 - 5 1. Mesozyklus von 4 Wochen
	Wochen 6 - 9 2. Mesozyklus von 4 Wochen
Wochen 10 - 17	**Vorbereitungsperiode III (VPIII)**
	Wochen 10 - 13 1. Mesozyklus von 4 Wochen
	Wochen 14 - 17 2. Mesozyklus von 4 Wochen
Wochen 18 - 27	**Wettkampfperiode (WPI)** von 10 Wochen
Wochen 28 - 30	**Zwischenetappe (ZE)** von 3 Wochen
	(Eine ZE wird eingelegt, wenn in der vorhergehenden Wettkampfperiode eine Qualifikationsleistung erbracht werden muss, der eigentliche Hauptwettkampf aber erst sehr viele Wochen später ist.)
Wochen 31 - 37	**Wettkampfperiode (WPII)** von 7 Wochen
Wochen 38 - 42	**Übergangsperiode (ÜP)** von 5 Wochen

In der Fachliteratur wird diese Periodenfolge als **Periodenzyklus, Trainingsjahr** oder **Makrozyklus** bezeichnet. Die einzelnen **Perioden** (VP, WP und ÜP) werden in **Mesozyklen** unterteilt, die aber auch als **Trainingsabschnitt, Abschnitt** oder **Etappe** bezeichnet werden. Ein Mesozyklus unterteilt sich wiederum in **Mikrozyklen**, die aber auch als **Trainingswochen** bezeichnet werden.

Das Trainingsjahr kann natürlich je nach Bedarf (Wettkampfhöhepunkt) in andere Rhythmen unterteilt werden. Wie auch immer, das Grundprinzip bleibt in der Reihenfolge Vorbereitungs-, Wettkampf- und Übergangsperiode erhalten.

Periodeninhalte

Je nach Disziplin enthält jede Periode spezifische Umfänge und Intensitäten der Haupttrainingsmittel. Solche Umfänge und Intensitäten sind hier der Einfachheit halber erst einmal mit „hoch", „mittel", „gering", „aufsteigend", „konstant" und „absteigend" angeben. Zahlen (z. B. Anzahl der Würfe, gelaufene Meter etc.) müssen uns zu diesem Zeitpunkt der Planung erst einmal nicht interessieren. Hier geht es zunächst einmal um das Verständnis für den Aufbau.

Betrachten wir die folgenden HTM als Beispiel, das auch für andere HTM ähnlich gilt (natürlich abhängig von den entsprechenden Disziplinen), wobei diese Gewichtungen hier für technische Disziplinen gelten.

Ausdauer	VP1	hoher Umfang	geringe Intensität
	VP2	hoher Umfang, abnehmend	Intensität zunehmend
	VP3	geringer Umfang, konstant	Intensität zunehmend
	WP	geringer Umfang, konstant	Intensität zunehmend
Schnelligkeit	VP1	kaum	--
(max)	VP2	geringer Umfang	Intensität hoch
	VP3	hoher Umfang	Intensität hoch
	WP	geringer Umfang	Intensität hoch
AA	VP1	hoher Umfang	geringe Intensität
	VP2	hoher Umfang, abnehmend	Intensität zunehmend
	VP3	kaum	Intensität zunehmend
	WP	--	...

In der <u>Vorbereitungsperiode</u> werden Grundlagen für die Wettkampfperiode geschaffen (mit allgemeinen Inhalten), und zwar mit <u>hohen Umfängen und geringen Intensitäten</u>, wobei zur <u>Wettkampfperiode</u> hin die <u>Umfänge allmählich abnehmen und die Intensitäten langsam steigen</u>.

In der Vorbereitungsperiode wird zuerst keine Technik trainiert, später dann zunehmend mehr und in der Wettkampfperiode verstärkt (zu Lasten der allgemeinen Dinge).

Wann genau welche Umfänge und Intensitäten trainiert werden sollten, ist in den RTPs des DLV dokumentiert und kann dort nachgelesen werden, was ich empfehlen möchte.

Die grundlegende Herangehensweise

Wir kennen jetzt die Haupttrainingsmittel und was sich dahinter verbirgt. Weiterhin wissen wir, dass im Jahresverlauf zuerst die Grundlagen mit hohen Umfängen und geringer Intensität trainiert werden und im Verlauf des Jahres disziplinspezifischer und mit höherer Intensität und geringeren Umfängen trainiert wird.

Wir wissen allerdings noch nicht, wieviel km Ausdauer oder wieviel Würfe der Athlet in einer bestimmten Periode laufen bzw. machen muss.

Es gibt in den RTPs den Ansatz, nach dem ein Athlet in einer bestimmten Periode bestimmte Umfänge und Intensitäten abarbeiten muss. Daraus wiederum errechnet sich, wie viele Trainingseinheiten pro Woche absolviert werden müssen, um diese Umfänge zu realisieren. Und das könnten dann schon mal 8 - 10 Trainingseinheiten pro Woche sein, weil man die Umfänge in 4 oder 5 Einheiten einfach nicht abarbeiten kann.

Da die meisten Athleten sich solch einen Zeitaufwand aber nicht leisten können, ist es unmöglich, die vorgegebenen Umfänge zu absolvieren. Mit solch einem Ansatz kommen wir also nicht weiter. Wir müssen einen anderen finden.

Beispiel:
Der Athlet ist in der Lage, 4x/Woche je 90 Minuten zu trainieren.
Heißt: Man hat also genau 360 Minuten/Woche abzüglich ca. 120 Minuten für Aufwärmen, Dehnen, Mobilisieren, Auslaufen zur Verfügung. In den verbleibenden 240 Minuten kann man nur das machen, was man eben in 240 Minuten machen kann. Und genau das ist der Ansatz.

Das bedeutet, dass man sich nach der Zeit, die man zur Verfügung hat, richtet und nicht nach Umfängen und Intensitäten, die man abarbeiten muss.

Das ist natürlich nicht das, was der DLV möchte, aber das ist die Realität. Spitzenathleten müssen sich die erforderliche Zeit „freischaufeln", um alle Umfänge trainieren zu können. Gehört man nicht zu diesen privilegierten Athleten, lässt Schule, Studium oder Beruf dies meist nicht zu, zumindest nicht über einen längeren Zeitraum.

Die zur Verfügung stehende Zeit begrenzt die durchführbaren Trainingsinhalte. Da die Zeit fehlt, alle geforderten Trainingsinhalte abzuarbeiten, muss der Trainer schauen, welche HTM er mit guten Gewissen weniger intensiv einsetzt.

Zeitbudget

Für jede Trainingsplanung ist es daher essentiell, das vorhandene Zeitbudget zu kennen. Für, zum Beispiel, 15 Technikstöße mit der Kugel benötigt man nun einmal ca. 30 Minuten. Wenn diese Zeit nicht zur Verfügung steht, muss man eben weniger Stöße machen, oder man lässt an anderer Stelle einen Inhalt weg. Es geht nicht anders, wenn die Zeit fehlt.

Beispiel zur Zeitbudgetplanung:

Man möchte ein Schnelligkeitsprogramm mit 4 x 60 m submax. durchführen. Die Pausen zwischen den Läufen betragen jeweils 8 Minuten. Das Programm dauert also insgesamt so um die 30 Minuten, weil man die Pausen einhalten muss, um einen Effekt bei der Schnelligkeitsentwicklung zu erzielen.

Wenn man in der gleichen Trainingseinheit jetzt noch 15 Minuten Stabis und 15 Minuten allgemeine Würfe macht, ist eine TE von 90 Minuten durch, wenn man die 30 Minuten Aufwärmen addiert.

Unabhängig davon, welche Inhalte man plant, muss man immer ein Auge darauf haben, wie lange man benötigt, um die Trainingsinhalte abzuarbeiten. Ohne solch eine möglichst genaue Zeitplanung bricht jede Planung in sich zusammen.

Nicht zu vergessen ist, dass auch das

- Ankommen
- Verabschieden
- Schuhwechsel
- Geräteaufbau- und Abbau und
- Gespräche
- etc.

Zeit kosten und in die Zeitbudgetplanung mit einfließen müssen.

Die Zeitbudgetplanung ist daher bei jeder Planung von höchster Wichtigkeit, insbesondere wenn in der Halle trainiert wird und dort nur bestimmte Zeitfenster zu Verfügung stehen. Wie schon zuvor beschrieben, ist gerade die Einhaltung der Pausen für die Leistungsentwicklung äußerst wichtig. Einfach nur die Pausen zu kürzen, um das Zeitbudget einzuhalten, ist nicht die Lösung.

Programme

Auch wenn man aus Gründen der koordinativen Ausbildung und der Abwechslung nicht ständig mit identischen Programmen trainieren sollte, ist es doch vorteilhaft, wenn der Trainer einige Programme zusammenstellt, die die Athleten nach ein- bis zweimaligem Üben auch allein ohne weitere Anweisungen des Trainers durchführen können.

Immer wieder werden während des Trainings Probleme auftreten, um die sich der Trainer unmittelbar kümmern muss, z. B. bei einer Verletzung eines Athleten.

Auch benötigt der Trainer immer wieder mal ein paar Minuten für ein Einzelgespräch, das nicht warten kann. Organisatorische Probleme können auftreten.

Hat man dann ein Programm zur Hand, das die Athleten selbständig abarbeiten können, hat der Trainer Zeit, solche Probleme anzugehen.

Programme, die dann entweder auf Papier dem Athleten übergeben werden oder vorab schon auf WhatsApp geschickt wurden oder den Athleten allgemein bekannt sind, lassen sich auf einfache Weise zusammenstellen. Aus Gründen der Abwechslung können es auch für die einzelnen Inhalte gern unterschiedliche Programme sein.

Welche Trainingsinhalte eignen sich für ein Programm:

- Übungen aus dem Lauf-ABC
- Stabis
- Dehnen
- Ausdauer
- Schnelligkeit
- Schnelligkeitsausdauer
- Sprünge
- Zirkel

Für den Notfall kann das immer eine gute Lösung sein. Aber nicht nur für den Notfall, sondern auch bei der allgemeinen Planung sind solche Programme von Vorteil, weil man dann nach dem Baukastenprinzip vorgehen kann und nicht ständig „das Rad neu erfinden" muss. Gerade „Hausaufgaben" sowie allgemeine Inhalte können hervorragend nach Programm durchgeführt werden.

Training bei Verletzung (Alternativtraining)

Ist der Athlet verletzt, wird nicht trainiert! Das hört man sehr häufig, ist aber nur teilweise richtig.

Die Kontinuität im Trainingsprozess ist enorm wichtig. Treten Verletzungen auf, die ein weiteres Training über mehrere Wochen unmöglich machen, wird der Athlet nach überstandener Verletzung konditionell wieder von vorn anfangen müssen. Man muss die Verletzungspause also so gestalten, dass der zu erwartende Leistungseinbruch möglichst gering ist.

Hat man sich den Daumen gebrochen, kann man zwar nicht mehr die Kugel stoßen, aber Lauf- und Sprungtraining ist sehr wohl möglich sowie auch bestimmte Kraftübungen. Ist die Wade verletzt, kann man immer noch allgemeine Athletik und Kraft trainieren. Bei den meisten Verletzungen ist der Athlet im Training zwar eingeschränkt, aber zumeist sind bestimmte Dinge weiterhin trainierbar.

Radfahren, Aquajogging, Übungen mit Gummiseilen, Stabiübungen, Kettlebell-Übungen, Tabata, Mentalübungen - es gibt unzählige Möglichkeiten des alternativen Trainings.

Wichtig zu wissen ist, dass bei Verletzungen den Möglichkeiten entsprechend weitertrainiert wird. Jede Verletzung ist aber auch als Chance zu verstehen, um vielleicht vorhandene Defizite abzubauen.

Nach ausgestandener Verletzung kann man dann auch früher wieder in die Programme einsteigen. Musste der Athlet wirklich eine mehrwöchige vollständige Pause machen, muss das Trainingsprogramm mit der Vorbereitungsperiode wieder beginnen, eventuell in geraffter Form, auch wenn es mitten in der Saison ist.

Gerade bei und nach Verletzungen ist also ein individueller Trainingsplan dringend erforderlich.

Da Verletzungen sehr unterschiedlich sind und auch unterschiedlich verlaufen können, kann es keine allgemeingültige Vorgehensweise geben. Da ist der Trainer mit seinem Wissen im Bereich Alternativtraining gefragt.

Regeneration

Über Regenerationszeiten steht einiges geschrieben. Es ist durchaus interessant zu wissen, wie lange das Zentralnervensystem für eine vollständige Regeneration nach einer intensiven Sprinteinheit benötigt. Interessant zu wissen ist auch, wie lange der Körper benötigt, um den Glykogenspeicher nach einem intensiven GA-2-Training wieder vollständig aufzufüllen. Auch die Frage, wie lange die Muskulatur braucht, um sich nach Maximalbelastungen zu erholen, ist spannend.

Auch die Frage, ob man nach einer maximalen Belastung am nächsten Tag wieder belasten kann, ohne zuvor eine vollständige Regeneration zuzulassen, muss man stellen. Erst komplett erholen und dann erst wieder belasten, oder lieber wiederholt belasten ohne vollständige Erholung?

Letztendlich sind wir hier im Meinungsbereich angelangt, denn es gibt durchaus unterschiedliche Herangehensweisen.

All diese Feinheiten und Methoden müssen uns zu diesem Zeitpunkt aber erst einmal nicht interessieren. Wer nur 4x/Woche trainiert, hat mit Regenerationszeiten nicht wirklich eine Baustelle.

Ganz grob betrachtet sollte man allerdings folgendes beachten: Nie die gleichen Inhalte am darauffolgenden Trainingstag! Eine Ausnahme bildet da der Lauf. GA1/2-Training an drei aufeinander folgenden Tagen ist durchaus möglich (allerdings nicht, wenn man nur drei Trainingstage pro Woche hat).

Bei vier Trainingstagen pro Woche hat man kein Regenerationsproblem, weil immer ausreichende Pausen zwischen den Trainingseinheiten liegen. Intensiviert man das Training, sind Regenerationszeiten zu berücksichtigen (siehe dazu die entsprechende Fachliteratur).

Von der Grobplanung zur Wochenplanung ...

Schritt für Schritt

Fragen, die vor Beginn der Planung <u>unbedingt</u> beantwortet werden müssen.

Schritt 1:   Klärung folgender Fragen!

Wo steht der Athlet?
Heißt: Alter, Trainingsalter (wie viele Jahre trainiert der Athlet schon), Leistungsstand des Athleten?

Einschränkungen?
Heißt: Hat der Athlet besondere Defizite, Dysbalancen, Schwächen?

Wo will der Athlet hin?
Heißt: Ziele des Athleten?

Was ist der Athlet bereit, dafür zu tun?
Heißt: Wie oft kann und will der Athlet pro Woche trainieren?

Verfügbarkeit der Trainingsstätten?
Heißt: Wann kann der Athlet in den Kraftraum, auf die Bahn etc.

Verfügbarkeit des Athleten?
Heißt: Wann hat der Athlet Zeit?

Verfügbarkeit der Trainer?
Heißt: Wann haben die Trainer Zeit?

Wenn die Antworten auf diese Fragen fehlen oder unklar sind, kann eine letztendlich erfolgreiche Planung im Prinzip noch nicht einmal beginnen.

Schritt 2:   **Festlegung der Haupttrainingsmittel**

Nachdem diese grundlegenden Fragen geklärt sind, schaut man sich die HTM-Liste noch einmal an

- Spiele
- Dehnung/Mobilisierung
- Turnen
- Koordination
- Drills
- allgemeine Athletik (AA)
- Ausdauer (A)
- ReKom
- Schnelligkeit (S)
- Schnelligkeitsausdauer (SKA)
- Kraft (K)
- Sprünge (Spr)
- Würfe (W)
- Technik (T)

und entscheidet, welche HTM der Athlet, für den der Plan geschrieben wird, in der entsprechenden Periode trainieren muss, bzw. welche nicht.

Nehmen wir einmal an, es handelt sich um einen **U18-Sprinter** und die **Planung** ist **für** den **Oktober** zu erstellen, also für die Vorbereitungsperiode.

Welche HTM könnten im Oktober wegfallen:

- Spiele
- Dehnung/Mobilisierung
- Turnen
- Koordination
- Drills
- allgemeine Athletik
- Ausdauer

- ~~ReKom~~
- Schnelligkeit
- ~~Schnelligkeitsausdauer~~
- Kraft
- Sprünge
- ~~Würfe~~
- ~~Technik~~

Schritt 3: **Welche verbliebenen HTM kann man in das Aufwärmprogramm integrieren**

In diesem Schritt wird geprüft, welche HTM man im Aufwärmprogramm mit abarbeiten kann.

Das wären zum Beispiel:

- **Koordination/Drills:** muss man nicht als eigenständigen Baustein abarbeiten, sondern kann man auch in das allgemeine Aufwärmprogramm einbauen. Das Gleiche gilt für
- **Spiele**
- **Dehnung/Mobilisierung**
- **Turnen**

Wenn man jede Trainingseinheit mit einem 30minütigen Aufwärmprogramm beginnt, können Koordination, Drills, Spiele, Dehnung/Mobilisierung und Turnen eingearbeitet werden.

Zur Verplanung bleiben dann folgende HTM über:

- allgemeine Athletik (AA)
- Ausdauer (A)
- Schnelligkeit (S)

- Kraft (K)
- Sprünge (Spr)

Das Planungsproblem hat sich jetzt schon einmal kräftig reduziert. Nur noch 5 HTM stehen auf der Liste. Nehmen wir einmal an, es stehen vier Trainingstage mit jeweils 90 Minuten zur Verfügung. 30 Minuten davon sind für die Aufwärmphase „plus" schon verplant. Es bleiben also 4 x 60 Minuten, die man mit den folgenden HTM verplanen kann, nämlich mit

- allgemeine Athletik (AA)
- Ausdauer (A)
- Schnelligkeit (S)

- Kraft (K)
- Sprünge (Spr)

Wie oft muss/kann man welches HTM nun pro Woche einsetzen (wohlgemerkt im Oktober)? Vorschlag:

- allgemeine Athletik   (1x)
- Ausdauer   (1x)
- Schnelligkeit   (1x)
- Kraft   (2x)
- Sprünge   (1x)

Nächste Frage: Welche HTM kann man in der gleichen Trainingseinheit miteinander verbinden?

- allgemeine Athletik   Eher mal der Hauptinhalt einer Trainingseinheit, weil man nur 60 Minuten hat, die man dann auch fast vollständig damit ausfüllt. Also keine Kombination mit den anderen HTM.
- Ausdauer   Nicht wirklich gut kombinierbar mit den hier aufgeführten anderen HTM.
- Schnelligkeit   Sehr gut kombinierbar mit Kraft. Erst Kraft dann Schnelligkeit.
- Kraft   Gut kombinierbar mit Schnelligkeit und Sprünge. Erst Kraft dann Sprünge oder Schnelligkeit
- Sprünge   Sehr gut kombinierbar mit Kraft. Erst Kraft dann Sprünge.

Es ergibt sich daraus:
- **An einem Tag „allgemeine Athletik"**
- **An einem Tag „Ausdauer"**

An zwei Tagen „Kraft" kombiniert mit „Schnelligkeit" / „Sprüngen

Möglicher Ablauf:

1. TE:	30 Minuten	Aufwärmphase „plus"
	60 Minuten	Kraft und Schnelligkeit
2. TE	30 Minuten	Aufwärmphase „plus"
	60 Minuten	Allg. Athletik
3. TE:	30 Minuten	Aufwärmphase „plus"
	60 Minuten	Kraft und Sprünge
4. TE:	30 Minuten	Aufwärmphase „plus"
	60 Minuten	Ausdauer

Natürlich geht das auch anders! Dies ist auch nur ein Beispiel stellvertretend für andere sinnvolle Möglichkeiten.

<u>Schritt 4:</u>   Grobplanung!

Sofern nun zusammen mit dem Athleten die Trainingstage und -zeiten festgelegt wurden, kann ein Grobplan erstellt werden. Solch ein Grobplan enthält zunächst einmal nur die HTM als Platzhalter.

Montag	Dienstag	Mittwoch	Donnerstag	Freitag	Samstag	Sonntag
K S	AA		K Spr		A	

Solch eine Grobplanung kann man für mehrere Wochen machen. Man kann natürlich auch die gesamte Vorbereitungsperiode so erstellen, weil wir hier nur die Anordnung der HTM als Platzhalter festgelegt ist. In die Grobplanung müssen natürlich die schon im Vorfeld bekannten Zeiten der Abwesenheit des Athleten einfließen (Ferien, private Termine, schulische Verpflichtungen etc.), damit längerfristig geplant werden kann.

In diesem Beispiel geht es zwar um einen Sprinter, aber für andere Disziplinen geht man nach dem gleichen System vor. Erst einmal schauen, welche HTM für den Athleten in dieser Periode wichtig sind und welche nicht. Danach kann man dann die HTM sinnvoll in einer Grobplanung zusammenführen.

Grundlagen müssen immer dabei sein, über deren Gewichtung man allerdings immer reden kann. Dass ein Werfer viel werfen muss oder ein Springer viel springen muss, ist irgendwie logisch. Der Einsatz der entsprechenden HTM und deren Gewichtung, ist immer disziplinspezifisch.

<u>Schritt 5:</u>   Wochenplanung

Bei den nachfolgenden Beispielen einer Wochenplanung sind nur die groben Inhalte der HTM zusammen mit dem Zeitbudget aufgeführt.

Manche HTM (z. B. Turnen) finden vielleicht nur alle 2 oder 3 Wochen statt, so dass da immer ein Wechsel stattfindet. Pausen erfolgen oft aktiv mit bestimmten individuellen Inhalten.

Auch ist es oft so, dass manche Dinge nicht durchgeführt werden können, weil der Athlet über irgendwelche Beschwerden klagt, plötzlich ein Wolkenbruch herniedergeht oder, oder, oder ... Auf all diese Dinge sollte man so weit wie möglich vorbereitet sein.

Der Plan sollte so realistisch wir möglich sein, und man tut gut daran, nicht im Vorwege schon jede einzelne Minute zu verplanen, sondern immer ein wenig Zeit „in der Hinterhand" zu haben.

Nachfolgend noch einige allgemeine Punkte, die man bei der Planung grundsätzlich beachten sollte:

- Keine ähnlichen Bewegungsabläufe oder Inhalte direkt nacheinander innerhalb einer Trainingseinheit (Diskus - Kugel, Sprints - Sprünge, Ausdauer - SKA, AA - Maximalkraft)!

- Koordinative/technische Ausbildung hat Vorrang vor Kondition beim Nachwuchstraining!

- Schnelligkeitsausbildung hat beim Nachwuchstraining Vorrang!

- Zuerst Umfänge, dann Intensitäten allmählich steigern!

- Immer das Prinzip der Vielseitigkeit beachten!

- Zu frühe Leistungsanforderungen sind immer schädlich!

- Kontinuität des Trainingsprozesses wahren!

- Technik- und Schnelligkeitstraining nicht im ermüdeten Zustand!

- Zentrale Bedeutung der Rumpfmuskulatur!

- Keine Fehler trainieren!

- Schwachstellen beseitigen!

Vorschlag für einen Grob- und Wochenplan (Woche 45)
- für einen U18-Sprinter

Grundlage:

S	1x/Woche	AA	1x/Woche
Spr	1x/Woche	K	2x/Woche
A	1x/Woche		

Grobplan						
Montag	Dienstag	Mittwoch	Donnerstag	Freitag	Samstag	Sonntag
K S	Hü* AA		K Spr		A	

Wochenplan					
Montag			**Dienstag**		
30'		Lauf-ABC / Dehnen / Stabis	30'		Lauf-ABC / kleine Sprünge
30'	K	Beuger (IKM) 3 x 10 r+l			/ Dehnen
		Kniestrecker 3 x 10 r+l	15'	Hü	Hürden-ABC
30'	S	3 x 60 Koordinationsläufe	45'	AA	Kraftzirkel, 8 Stationen
		3 x 50 submax. P 5'			30" Belastung : 15" Pause
					3 Durchgänge SP 5'
Mittwoch			**Donnerstag**		
			30'		Laufkoordination / Turnen
			30'	K	Beuger (IKM) 3 x 10 r+l
					Kniestrecker 3 x 10 r+l
			30'	Spr	kleine Sprünge (Treppe)
Freitag			**Samstag/Sonntag**		
			30'		Lauf/Hürden-ABC, Dehnen
			15'		Gymnastische Übungen
			45'	A	30' Fartlek
					3 x 100 Koordinationslauf

*   Hü (=Hürden)
Auf den vorhergehenden Seiten nicht ausführlich besprochen, aber nichtsdestotrotz von größter Bedeutung im Leichtathletiktraining. Hürdentraining sollte
obligatorisch sein, und zwar disziplinübergreifend vom Schüler- bis hin zum
Leistungsbereich. Über den Umfang lässt sich natürlich streiten.

Vorschlag für einen Grob- und Wochenplan (Woche 45)
- für einen U18-Werfer

Grundlage:	S	1x/Woche	AA	2x/Woche
	Spr	1x/Woche	K	2x/Woche
	Wü	3x/Woche	A	1x/Woche

Grobplan

Montag	Dienstag	Mittwoch	Donnerstag	Freitag	Samstag	Sonntag
K S	Hü AA Wü		K Spr Wü		Wü AA/A	

Wochenplan

	Montag				Dienstag	
20'		Lauf-ABC		10'		Seilsprünge
10'		Stabis		20'	Hü	Hürden-ABC
40'	K	3 x 12 Bankdrücken		40'	AA	Stabis
		3 x 12 Kniebeugen		20'	Wü	100 Medballwürfe
		3 x 12 Beuger (ISK)				
20'	S	Schnelligkeit 3 x 50 subm.				

	Mittwoch				Donnerstag	
				10'		Basketball
				10'		Lauf-ABC
				10'		Stabis
				40'	K	3 x 12 Bankdrücken
						3 x 12 Kniebeugen
						3 x 12 Beuger (ISK)
				10'	Spr	Sprünge
				10'	Wü	Medballwürfe

	Freitag				Samstag/Sonntag	
				30'		Lauf-/ Sprung-ABC
				30'	Wü	Wurf-ABC
				30'	AA/ A	Kraft(ausdauer)zirkel, 8 Stationen 30" Belastung : 15" Pause 3 Durchgänge SP 5'

Vorschlag für einen Grob- und Wochenplan (Woche 45)
- für einen U18-Springer

Grundlage:

S	1x/Woche		AA	1x/Woche
Spr	3x/Woche		K	2x/Woche
A	1x/Woche			

Grobplan						
Montag	Dienstag	Mittwoch	Donnerstag	Freitag	Samstag	Sonntag
K S	Hü Spr AA		K Spr		Spr A	

Wochenplan				
Montag			**Dienstag**	
30' 30' 30'	K S	Spiel / Lauf-ABC / Dehnen Beuger (ISK) 3 x 10 r+l Kniestrecker 3 x 10 r+l 2 x 50 Koordinationsläufe 3 x 60 submax. P 5'	15' 15' 15' 45'	Hü Spr AA
			Lauf-ABC / Dehnen Hürden-ABC kleine Sprünge Kraft(ausdauer)zirkel, 8 Stationen 30" Belastung : 15" Pause 3 Durchgänge SP 5'	
Mittwoch			**Donnerstag**	
			30' 30' 30'	K Spr
			Laufkoordination / Stabis Beuger (ISK) 3 x 10 r+l Kniestrecker 3 x 10 r+l kleine Sprünge (Treppe)	
Freitag			**Samstag/Sonntag**	
			30' 15' 45'	Spr A
			Lauf-ABC, Dehnen kleine Sprünge 30' Fartlek 2 x 80 Koordinationslauf	

Vorschlag für einen Grob- und Wochenplan (Woche 45)
- für einen U18-Mittelstreckler

Grundlage:	Spr	1x/Woche	AA	1x/Woche
	A	3x/Woche	ReKom	1x/Woche

Grobplan

Montag	Dienstag	Mittwoch	Donnerstag	Freitag	Samstag	Sonntag
ReKom	Spr AA		A (GA1)		A (GA1)	A (GA2)

Wochenplan

Montag			**Dienstag**		
30' 10'	ReKom	Lauf: 30' mit Puls 60 % Faszienrolle	30' 15' 45'	Spr AA	Spiel / Koordination kleine Sprünge Kraftausdauerzirkel 8 Stationen 60" Belastung : 20" Pause 3 Durchgänge SP 5'
Mittwoch			**Donnerstag**		
			30' 50' 10'	A	Lauf-ABC / Füße / Stabis Duathlon (zügig), ohne Pausen (Puls 75 %) 3 x 80 m Steigerung
Freitag			**Samstag/Sonntag**		
30' 50' 10'	A	Lauf-ABC / Füße / Dehnen Ausdauerlauf (Puls 75 %) 3 x 80 m Steigerung	30' 60	A	Einlaufen / Skipping / Krafttraining Partnerübungen 4 x 10' Tempodauerlauf P 5'

Der Plan für einen Mittelstreckler weicht erheblich von dem eines Athleten ab, der technische Disziplinen verfolgt. Der Lauf dominiert stark. Nichtsdestotrotz sind Grundlagen immer Bestandteil des Trainings, um eine einseitige Belastung so gut wie möglich zu vermeiden.

Anmerkungen zu den Wochenplänen

NATÜRLICH kann man das alles auch anders gestalten. Natürlich werden Inhalte auch immer wieder gewechselt. Auch über den Leistungsstand des Athleten wurde kein Bezug genommen. Hier geht es erst einmal nur darum, aufzuzeigen, wie man die Inhalte in einen Wochentrainingsplan mit vier Trainingseinheiten mit jeweils nur 90 Minuten hineinbekommt. Höhere Umfänge und Intensitäten sind nur möglich, wenn die Trainingszeit länger ist oder statt an 4 an 5 oder mehr Tagen trainiert wird.

Umfänge und Intensitäten sind immer durch die zur Verfügung stehende Trainingszeit begrenzt.

Dass sich die Trainingspläne in den vorangegangenen Beispielen ähneln (bis auf den für den Mittelstreckler), liegt daran, dass gerade am Anfang der Vorbereitungsperiode sehr allgemein trainiert wird, auch wenn das Training für die Werfer wurflastiger, das für die Springer sprunglastiger etc. ist. Später gehen die Inhalte schon ziemlich auseinander. Das ist in den RTPs des DLV für die einzelnen Disziplinblöcke nachzu-lesen, die man auf jeden Fall zu Rate ziehen muss, wenn es darum geht, Umfänge und Intensitäten für einen bestimmten Trainingsabschnitt einzuplanen. Aber Achtung: Diese RTPs sind für Spitzenathleten bestimmt. Trainiert man nur an vier Tagen in der Woche jeweils nur 90 Minuten, muss man daran gemessen erhebliche Abstriche machen, wobei das Grundlagentraining und die Gesundheit des Athleten immer Priorität haben.

Über den Einsatz dieser HTM und die entsprechenden Inhalte kann man endlos diskutieren. Sollte man auch. Sehr viel ist abhängig vom Athleten, und ein einmal gefundener guter Plan lässt sich auch nicht immer so einfach auf andere Athleten übertragen. Solche Pläne werden immer wieder geändert, verfeinert, verbessert und sind immer individuell. Insbesondere dann, wenn man auf die Befindlichkeiten der Athleten reagieren muss. Wenn ein Schnelligkeitsprogramm auf dem Plan steht, der Athlet zuvor aber 10 Stunden Unterricht in der Schule hatte und danach direkt zum Training fährt, ist ein Schnelligkeitsprogramm nicht wirklich sinnvoll. Dann muss man flexibel reagieren und umstellen.

Wenn man weitere Inhalte integrieren möchte, müssen zuvor eingeplante Inhalte gestrichen oder gekürzt werden. Das ist das Dilemma, wenn das Zeitbudget einfach nicht mehr zulässt. Zusätzliche Inhalte sind eben nur dann möglich, wenn das Zeitbudget höher ist. Schon wenn man die Trainingszeit von 90 auf 120 Minuten erhöht - was sehr sinnvoll ist -, kann schon viel mehr gemacht werden.

Nach dem Training

Schritt 1:   Der Athlet dokumentiert das Training in Form eines Trainingstagebuchs (siehe unten).

Schritt 2:   In bestimmten Abständen erfolgen Kontrolltests.

Schritt 3:   Ständige Soll/Ist-Kontrolle zwischen Trainer und Athlet.

Das Trainingstagebuch

Ein Athlet, der Leistungssport betreibt, sollte ein Trainingstagebuch führen. Warum?

Der Trainer schreibt einen Plan, meist für nicht mehr als zwei Wochen. Der Plan für die darauffolgenden zwei Wochen baut dann auf den vorherigen Plan auf. Die Frage ist, ob der Athlet auch das trainiert hat, was auf dem Plan stand. Hat er das nicht, hat das Auswirkungen auf die nächsten Trainingswochen. Schreibt ein Trainer nur einen Plan nach dem nächsten, ohne dabei zu kontrollieren, ob der Plan auch eingehalten wurde, schreibt er die Pläne wahrscheinlich unter falschen Voraussetzungen.

Man sollte davon ausgehen, dass der Athlet - sofern er ohne Anwesenheit des Trainers trainiert - den Plan nicht immer exakt durchführt. Gründe gibt es dafür viele.

Was ist nun in einem Trainingstagebuch aufzuführen:
- Gelaufene Strecken, Intensitäten, Pausen
- Angabe der Serien, Sätze und Gewichte beim Krafttraining
- Zeitangaben über allgemeine Athletik, Koordination etc.
- Anzahl und Art der Sprünge

Das sollte für den Trainer ausreichend sein, um den nächsten Plan zu schreiben. Man kann das Training jedoch auch sehr viel detaillierter beschreiben. Auch eine Angabe darüber, ob einem das Training leicht oder schwer gefallen ist und wie man sich danach gefühlt hat, ist durchaus sinnvoll.

Um herauszufinden, ob sich ein Athlet an den Plan hält, sollte ein Trainingstagebuch gefordert werden. Ein Plan ist ein Plan. Den kann man einhalten oder auch nicht. Im Trainingstagebuch steht das, was der Athlet wirklich gemacht hat und das ist für die weitere Planung äußerst wichtig.

Schlusswort

Wir sind von der eingehenden Erklärung der HTM über die Grobplanung letztendlich zur Wochenplanung gekommen. Ohne das Wissen, was die einzelnen Haupttrainings-mittel beinhalten und bedeuten, ist eine konstruktive Planung so ziemlich unmöglich.

Zu den spezifischen Inhalten dieser HTM für die einzelnen Disziplinen geben die RTPs des DLV Aufschluss. Dort sind Umfänge, Intensitäten und Prioritäten für die einzelnen Trainingsperioden aufgeführt. Diese Vorgaben sind meist in Form von Grafiken dargestellt. Es gibt Grafiken für die einzelnen HTM, die man dann allerdings für einen detaillierten Plan „zusammenfahren" muss. Einen fertigen detaillierten Plan über einen längeren Zeitraum wird man in diesen Schriften vergeblich suchen.

Man sollte diese Grafiken jetzt nicht mit Inhalten füllen und daraus dann einen Plan erstellen. Das wird meist dazu führen, dass man dann die erforderlichen Inhalte nicht in das zur Verfügung stehende Zeitbudget integrieren kann.

Man sollte nie damit beginnen, die geforderten Inhalte allein als Basis für einen Plan zu betrachten, sondern man sollte immer die zur Verfügung stehende Zeit als Grundlage betrachten, die erst dann mit den erforderlichen Inhalten gefüllt wird. Oft wird man dann feststellen, dass die zur Verfügung stehende Zeit nicht ausreichend ist.

Man wird feststellen, dass mit vier Trainingseinheiten über 90 Minuten im Leistungssport relativ wenig machbar ist. Bessere Leistungen erfordern im Prinzip höhere Umfänge und Intensitäten.

Das Buch endet ganz bewusst auf diesem Wissensstand, weil die weitergehende Trainingsplanung in den RTPs des DLV recht gut dokumentiert ist. Mit der hier vorgestellten Vorgehensweise („Das Zeitbudget bestimmt die Inhalte!") kommt man dann auch sehr schnell zu immer besseren, effektiveren Trainingsplänen.

Es gibt kein Buch, das man aufschlagen kann, um mal eben einen Plan nachzulesen oder abzuschreiben. Gibt es nicht. Wird es auch nie geben. Es kann auch deshalb keine einheitlichen Trainingspläne geben, weil es ja auch keine einheitlichen Athleten gibt.

Der Trainer muss die individuellen Pläne ganz speziell für seine Athleten selbst erstellen. Das Einzige was ihm weiterhilft, ist ein solides Grundwissen über die Trainingsplanung. Das habe ich versucht, in diesem Buch weiterzugeben.

Man sollte mit solch „kleinen" Plänen beginnen, auch um ein Gefühl für die Machbarkeit der Umsetzung eines Plans zu bekommen. Kann man erst einmal mit solchen Zeitbudgets umgehen, kommt man Stück für Stück der realistischen Planung von umfassenden und detaillierten Plänen näher.

In der Zeitschrift „Leichtathletiktraining" findet man im Prinzip in jeder Ausgabe Beispiele von Trainingsplänen für die verschiedensten Disziplinen. Es ist für Trainer immer wieder interessant, über den Tellerrand zu schauen und die Pläne, die andere Trainer geschrieben haben, zu studieren.

Aber Achtung: Diese Pläne wurden für äußerst leistungsstarke Athleten geschrieben. Sowohl Umfänge und Intensitäten orientieren sich an Spitzenathleten. Im Allgemeinen sind also sowohl die Umfänge als auch die Intensitäten sehr hoch. Man kann solche Pläne nicht auf Athleten übertragen, die nur 4x/Woche jeweils 90 Minuten trainieren. Hohe Umfänge und Intensitäten muss man über Jahre vorbereiten. Damit kann man nicht einfach beginnen, nur weil der Athlet sensationelle Ergebnisse erzielt. Macht man es trotzdem, sind nicht selten Verletzungen und Schäden die Folgen.

In diesen Plänen fehlt meist die Angabe zum Zeitbudget, so dass man nie weiß, welch ein Zeitaufwand für die einzelnen Trainingszeiten erforderlich ist. Auch gehen diese Pläne nur in den seltensten Fällen ins Detail. Mal fehlen Intensitäten, mal Pausen, mal Streckenlängen, mal die direkten Inhalte. Gewollt. Denn kaum einer ist bereit, die ganze Wahrheit und all die „kleinen" Geheimnisse preiszugeben. Das ist menschlich. Das ist normal. Als Orientierung kann man sich diese Pläne sehr wohl anschauen, aber an eine Eins-zu-eins-Umsetzung sollte man noch nicht einmal ansatzweise denken, zumindest was die eigenen Athleten betrifft, die nur wenige Trainingseinheiten pro Woche absolvieren.

Anmerkung des Autors:

Ich würde mich freuen, wenn diese kurze Abhandlung der praktischen Trainingsplanung dem einen oder anderen hilfreich dabei ist, Trainingspläne zu schreiben. Für jede Anmerkung und natürlich auch Kritik bin ich jederzeit dankbar, zeigt es mir doch, dass sich zumindest einige mit diesem Zwerg unter den Fachbüchern beschäftigt haben. Auch wünsche ich mir, dass meine Thesen und Meinungen rege diskutiert werden, denn gerade die Gespräche mit Trainerkollegen über dieses Thema führen immer wieder zu neuen Erkenntnissen und Einsichten.

In diesem Sinne ... viel Spaß bei der Planung!

Abkürzungen

so wie sie in diesem Buch verwendet wurden

A	Ausdauer
AA	Allgemeine Athletik
GA1	Grundlagenausdauer 1
GA2	Grundlagenausdauer 2
GP	Gehpause
HTM	Haupttrainingsmittel
Hü	Hürden
I1	Intensität 1
I2	Intensität 2
I3	Intensität 3
IK	Intramuskuläre Koordination
IKM	Ischiokrurale Muskulatur
K	Kraft
Koo	Koordination
n.I.	niedrige Intensität
P	Pause
ReKom	Regeneration und Kompensation
RTP	Rahmentrainingsplan
S	Schnelligkeit
SKA	Schnelligkeitsausdauer
SP	Serienpause
TE	Trainingseinheit
ÜP	Übergangsperiode
VP	Vorbereitungsperiode
WP	Wettkampfperiode
ZE	Zwischenetappe

In eigener Sache:

Die Jahre 2020 und 2021 standen ganz im Zeichen der Corona-Pandemie. Wir mussten starke Einschränkungen nicht nur bei der Arbeit und dem Sport, sondern auch im alltäglichen Leben akzeptieren. Aber man sollte solche Einschränkungen auch als Chance begreifen, neue Dinge zu realisieren. Man konnte plötzlich Dinge machen, zu denen zuvor einfach die Zeit fehlte.

Etwas, was ich schon seit vielen Jahren geplant habe, war das Schreiben und die Herausgabe von Fachbüchern, in denen ich mein in vielen Jahren angesammeltes Spezialwissen weitergeben möchte. So dokumentiere ich schon seit Jahren all die Dinge, die ich in meinem Beruf als Übersetzer und Dolmetscher mühsam recherchieren musste. Ich habe es mir zur Aufgabe gemacht, Fach-(wörter)bücher zu schreiben, die es entweder noch nicht gibt oder die meiner Meinung nach unzulänglich sind.

__Trainingsplanung Leichtathletik__ ist eher ein „Betriebsunfall", passt es doch so gar nicht zu meinen anderen Titeln. Warum dieses Buch entstand, ist auf dem Klappentext und im Vorwort nachzulesen und muss hier nicht wiederholt werden.

Das Jahr 2021 markiert den Beginn einer Reihe von Veröffentlichungen, beginnend mit den beiden Büchern.
   __Nichts - Nada - Nothing - Nic__   Band I und
   __Gar nichts - Nada de nada - Not a sausage - Nic a nic__   Band II.
Es gibt so viele verrückte Dinge auf dieser Welt. Da wollte ich mich einfach nicht ausschließen und so kam es zu diesen beiden Büchern, die bis auf den Umschlag nur aus unbeschriebenen Seiten bestehen. Eben Nichts! bzw. Gar nichts!

Die weiteren Veröffentlichungen sind dann wie auch dieses Buch durchaus seriös:
   __Speisekarten übersetzen__ (Deutsch / Englisch) (3. Auflage)
   __Lernwörterbuch Juristische Abkürzungen__ (Deutsch / Englisch)
   __Erstellung von Arbeitszeugnissen__ und deren Übersetzung ins Englische
   __Wörterbuch Zeugnisse__ (Deutsch - Englisch) mit Hinweisen zum deutschen Bildungssystem

Demnächst:
   __Speisekarten übersetzen__ (Deutsch / Spanisch) (2. Auflage)
   __Speisekarten verstehen__ (Spanisch / Deutsch) (für den Touristen in Spanien)
   __Wörterbuch Patentschriften__ (Deutsch / Englisch)

Ob ich es schaffe, meine weiteren Projekte bis zur Veröffentlichung zu bringen, wird sich zeigen. Die Liste ist lang!